反貧困

——「すべり台社会」からの脱出

湯浅　誠
Makoto Yuasa

岩波新書
1124

まえがき

つい先日、ある地方都市から相談のメールが来た。相談者は三五歳の男性。妻がいて、三歳、四歳、六歳の子どもを持つ三児の父親でもある。その「一家の大黒柱」が「収入が、五万円あるか、ないかで、今月は、風邪で、休んだため、ゼロの可能性があり、生活困難な状況です」という。通常の収入が五万円で、風邪で休んだらゼロになるというのは、尋常ではない。普通の仕事ではないのか、それともまともに仕事をしていないのだろうか。

聞いてみたところ、彼はちゃんと働いていて、月々の収入は一七万〜二〇万円程度ある。しかし、派遣社員で寮に住んでいるため、寮費が七万円、ガス代・電気代が使用量と無関係に各二万円、その他家具のレンタル代や社会保険料などで毎月約一五万円が引かれるのだという。男性のゼロから五万円というのは、収入からそれらを引かれた後の手取りなのだった。上の子は、今度の四月には小学校に入学する。メールには「八〇〇〇円の小学校指定のカバンも買えませんし、情けない父親です」とあった。

私は、一九九五年から野宿者(いわゆる「ホームレス」)の支援活動に携わってきて、二〇〇一年からは、野宿者に限定せず、貧困状態に追い込まれた人たちの生活相談を受け続けている。ちょっと前まで、相談に来る人たちは、労働市場から排除されてしまった失業者が大半だった。かつての日雇い労働者や、DV(ドメスティック・バイオレンス)を受けて着の身着のままで逃げてきたシングルマザーなど、働くどころではなく、まず命を支えなければならない人たちが大多数だった。

しかし近年では、今現在就労しているにもかかわらず生活していけない、という人たちの相談が増えてきた。そして、中高年単身男性や母子世帯が大半だった世帯構成も、若年単身世帯・高齢世帯・一般世帯と多様化してきた。もはや「働いているのに食べていけない」という相談は珍しくないし、賃貸アパートに住んでいる人たちの間にも貧困は広く深く浸透している。

野宿者だけでなく、DV被害者や「ネットカフェ難民」など住所不定状態にある人たちを広く含む広義のホームレス問題に関わっているうちに、気がついたら社会全体が地盤沈下していた。ホームレス問題を通じて考えてきたことや培ってきたノウハウがあてはまってしまう人たちが、就労して自分の稼ぎで暮らしているものとかつては考えられていた若年世帯や一般世帯にも増えてきてしまった——私の感覚から言うと、そのようになる。

以前に、非正規労働者などを中心とする労働組合の相談風景を見学させてもらったことがあるが、相談の内容や生活状況は、私たちのところに相談に来る人たちとほとんど変わらなかった。もう、「働いている人は労働相談、働けない人が生活相談」という区別は成り立たなくなったのだと感じた。

それでも、まだ「正社員として働いている」という人は、相談に来たことがない。しかし、いずれ遠からずそのような相談も出てくるだろう。年収三〇〇万円程度で一家を支えながら長時間労働をこなす正社員など、もう珍しくないからだ。相談に来ないのは、単に「正社員で働いている自分が、食べられずに生活相談をする」という行為が、本人の中で選択肢として想像できないからにすぎない。

近年、「ワーキング・プア」という言葉が日本社会でも知られるようになった。その言葉は、働いているか、働ける状態にあるにもかかわらず、憲法二五条で保障されている最低生活費(生活保護基準)以下の収入しか得られない人たちのことを指す。最低生活費は、たとえば東京二三区に住む二〇代、三〇代の単身世帯であれば、月額一三万七四〇〇円(生活扶助八万三七〇〇円+住宅扶助上限五万三七〇〇円)。夫三三歳、妻二九歳、子四歳の一般標準世帯なら、二二万九九八〇円(生活扶助一六万一八〇円+住宅扶助上限六万九八〇〇円)である。さまざまな税額控除も勘案すれば、大都市圏で年収三〇〇万円を切る一般標準世帯であれば、ワーキング・プアの状態にあると言っていい。前述の五人世帯は、明らかに最低生活費を割り込んでいた。

日本社会には今、このような状態で暮らす人々が増えている、と想像される。「想像される」としか言えないのは、政府が調査しないからだ。貧困の広がりを直視せず、ただ「日本の貧困はまだたいしたことない」と薄弱な根拠に基づいて繰り返すだけなのが、二〇〇八年現在における日本政府の姿である。

その政府見解は、「日本の貧困は、世界の貧困に比べたら、まだまだ騒ぐに値しない」という世間一般の素朴な考え方に後押しされている。国連が定める絶対的貧困線である一日一ドルを超える収入があれば、生活が苦しくても貧困とは言わないと考える人は、少なくないかもしれない。しかし、貧困の実態は所得のみから理解されるべきものではないし、また貧困の指標は一つではない。本書では、その視点も提示するつもりである。日本の貧困者が一日一ドルを超える収入があったとして、それは「日本に貧困がない」ことを意味するものではない。世界の貧困への関心の強さを、国内の貧困を見えないままに止める隠れ蓑に使わせてはならない。

本書は二部構成からなっている。第Ⅰ部「貧困問題の現場から」では、日本社会にどうして貧困が広がってしまっているのか、貧困が広がる中でどのような問題が起こっているのか、貧困とはどのようなものか、そして日本政府は貧困問題に対してどのような立場を取っているのか、について考察した。「考察」といっても、私は研究者ではなく、貧困の現場で活動する一人の活動家にすぎない。取り上げられる事例や切り取られるアングルは、私が活動を通じて見聞きしたこと、そこから感じ取られたことに限定されるだろう。しかし、貧困状態に追い込まれた人々と直に接する現場にいるからこそ、見えてくるものもある。私の見ている実態を、ストレートに伝えることを心がけた。

第Ⅱ部「「反貧困」の現場から」では、それを受けて、人々が貧困問題にどのように立ち向かっているのかをレポートした。日本社会を「聖域なき構造改革」が席巻し、その影の部分で貧困問題が深刻化するにつれ、それに対して声を上げる人たちも増えてきた。労働分野、社会保険分野、公的扶助の分野で、さまざまな人たちが貧困に抗する「反貧困」の活動を展開し始めている。一つ一つはまだ小さな動きでしかないが、それらが相互に連携し、ネットワークを構築することで、貧困問題を無視し続ける日本政府に現状を直視し、対策を講じることを求めている。私自身その渦中にいて、誕生し、つながり始めた「反貧困」の動きが社会全体に広がることを願ってもいる。

一度転んだらどん底まですべり落ちていってしまう「すべり台社会」の中で、「このままいったら日本はどうなってしまうのか」という不安が社会全体に充満している、と感じる。しかし同時に、「自分ひとりが何をやっても無駄」「何とか自分だけは生き残らなければ」と、この現状を変えることを諦め、この現状を受け入れつつ、その中で生き残る方途を探っている人たちも多い。日本社会全体が地盤沈下し、ますます多くの人たちが窮地に追い込まれている中で、自分ひとりが上手に生き残るというのは、簡単なことではない。またそれは、少なからぬ人たちの犠牲の上にしか成り立たないものでもあるだろう。

私たちは大きく社会を変えた経験を持たず、それゆえにどうしてもそうした希望を持ちにくく、社会連帯を築きにくい状況にある。しかし他方で、アメリカ合衆国のように貧富の差が極端に激しい社会に突入していくことには、多くの人が抵抗感を抱いてもいるはずだ。

「このままではまずい」と「どうせ無駄」の間をつなぐ活動を見つけなければならない。そうした活動が社会全体に広がることで、政治もまた貧困問題への注目を高めるだろう。関心のある人たちだけがますます関心を持ち、関心のない人たちが関心のないままに留め置かれるような状態を乗り越えたい。貧困は、誰にとっても望ましくないもの、あってはならないものである。ここでこそ、私たちの社会がまだ「捨てたものではない」ことを示すべきだ。

本書ではそれを「強い社会」と表現した。これから本書を読んでくださるみなさんが、読後に「強い社会」を実現しようとする念を強めてくれれば、筆者としてそれに勝る喜びはない。

目　次

目　次

第Ⅰ部

貧困問題の現場から

第一章　ある夫婦の暮らし

ゲストハウスの新田夫妻

新田夫妻(仮名)が出会ったのは、二〇〇五年の秋、東京都内のゲストハウスだった。都内に八〇件を展開する大手企業が経営しているゲストハウスで、夫の久さん(四〇歳)は四人部屋に、妻の直美さん(二六歳)は二人部屋に住んでいた。

ゲストハウスとは、ユースホステルのような簡易旅館のこと。一九九〇年代から外国人のバックパッカー(大きなリュックを背負って、安上がりに旅行する人たち)向けに登場したが、現在では「滞在客の八、九割は日本人」と久さんは言う。一ヵ月単位で契約でき、敷金・礼金・仲介不動産手数料等が不要。お金のない人たちがとりあえず駆け込む居所として活用されている。

二人の住むゲストハウスは、毎月の賃料(月額三万八〇〇〇円)の他は、初めに五〇〇〇円の清掃料を支払っておくだけで滞在できた。初期費用四万三〇〇〇円で一ヵ月いられるというのは、たしかに安い。

しかし、なぜ新田夫妻はゲストハウスに住むことになったのか。久さんは当時三八歳。人によっては一戸建てを構えていてもおかしくない年齢だ。それまで自堕落に生きてきたツケが回ってきたからなのか?

結果だけを見て結論を急げば、そこには必ず自己責任論が入り込む。「現在の望ましくない結果をもたらした責任は、本人自身にある」という主張だ。しかし、人々の「生」は、そこまで単純なものではない。「知る」とか「判断する」というのは、もう少し丁寧な作業でなければならない。新田夫妻の「生」は、現代日本の貧困がどのように生み出されているのか、そのプロセスを映し出している。横行する自己責任論が見えなくしている影の部分(背景)で何が起こっていたのか、その実態を見ていきたい。

貧困の中で

久さんが生まれたのは一九六六年、丙午《ひのえうま》の年だった。一九三〇年生まれの父親は兵庫県で建設業を営んでおり、一時期は二〇人ほどを雇用していた「親方」だった。しかし三〇代半ばで、仕事中に煙突から落ちて片足を失い、廃業せざるを得なくなる。その後、父親は職業訓練校に通い、時計修理工の技術を得る。久さんの母親となる女性とは、その職業訓練校で知り合った。久さんの両親は、父親が時計の修理をして、母親が注文取りや配達などの外回りをすることで生計を立ててきた。子どもの久さんが覚えている父親の姿は、いつも仕事をしていた。

その父が、仕事中に脳溢血で倒れ、亡くなる。久さんが小学校三年生のときだった。遺された母子は、その後他県に移り住み、母親が文具店を経営する。しかし、母親も小学校六年生のときに他界。もともと片肺しかなく、体が弱かった。「働き通しで、心労で亡くなったようなものです」と久さんは話す。

兄弟のいなかった久さんは、一二歳にして一人になる。母親が亡くなった病院で「漠然と、これから苦しい生活に入っていくだろうな、と思っていた」と言う。

久さんはその後、伯母の家に引き取られるが、そこでの生活は辛かった。喘息《ぜんそく》持ちだった久さんが咳きこむのがうるさいと、物置で寝かされたことがある。当時は、中学校の美術部で「絵を描いているときが一番幸せだった」という。

久さんは美術の高校に行きたかったが、それは許してもらえず、全寮制の高校に放り込まれた。なじめなかった彼は、一ヵ月で高校を中退。誰も住んでいない実家に戻り、一五歳と三ヵ月で一人暮らしを始めた。伯母は両親の生命保険を管理していたはずだが、その話をまともに聞いたことはない。二〇歳ぐらいのとき、数万円渡されたのが残りの全部と言われた。頼んだが、契約の書面すらも見せてもらえなかった。

最初に勤めたのは、ガソリンスタンドだった。時給六九〇円のアルバイト。まじめに働いていたのが評価されて、向かいのメッキ工場にスカウトされる。そこをやめたのが一八歳。理由は「自衛隊に入るため」だった。

自衛隊を三年で除隊した久さんは、大阪に帰って、おもちゃ販売、パチンコ、旅館と衣食住完備の仕事を転々とする。二〇〇五年に上京してくるまで、一七年間で約三〇ヵ所の職場を転々とした。総じて暮らしはきつかった。自分でアパートを借りたこともあったが、家賃が払えなくなり、そのときはパチンコ屋の住込みを見つけてしのいだ。

久さんの記憶にあるのは、苦しかったときに世間から受けた仕打ちだ。寝る場所がなく、教会に駆け込んだことがあった。牧師は「ここはみんなの場所だから、寝させてあげるわけにはいかない。その代り、祈ってあげるから」と言って、追い出した。警察に相談したこともあるが、「生駒山《いこまやま》まで登って、また降りてくれれば夜は明けてるよ」と相手にされなかった。言った本人はとうに忘れているだろうが、久さんはおそらく生涯にわたって忘れることはない。

三八歳で上京。妻の直美さんと出会う。

直美さんは、東北の出身。実家は持ち家だったが、生活はとても苦しかった。父親は警備の仕事をしている途中、交通事故にあって働けなくなった。祖母が寝たきりのため、母親も働きに出られなかった。父親の障害年金だけが唯一の収入で、お茶碗にご飯を半分よそって、お湯で膨らませて腹もちをよくする、というような食生活を送っていた。

直美さん自身は、高校在学中から、精神的に病気がちの生活を送っていた。きっかけは、父親が警備会社に転職する前、二五年間勤めた会社をやめたことだった。失業給付をもらって家にいる父親を、多感な女子高生は受け入れられず、そのころから神経症的な症状が出始める。

高校卒業後、服飾の専門学校に入るが、二、三ヵ月で中退。その後、家にひきこもる生活が始まる。二〇歳のときアルバイトもしたが、三週間しか続かなかった。二五歳の春、専門学校に入り直すが、そこも病気が回復せずやめた。同じ年の秋、なんとかやり直そうと東京に出て、仕事を探しながらゲストハウスに滞在した。そこで久さんと出会う。

工場派遣で働く

出会った後も、二人の生活は大変だった。二〇〇五年秋から半年間、二人はウェイターやウェイトレスとして働くが、直美さんの具合がなかなかよくならず、翌春、直美さんの実家に行く。そこで結婚式を挙げた後、久さんは地元での就職を試みるが、主に水産加工業を地場産業としていた地元の求人では、時給七〇〇円未満の最低賃金がほとんどで、それでは手取りで月収八、九万円しか望めなかった。それに対して、派遣・請負業は時給九〇〇〜一〇〇〇円。残業もあり、高収入が得られる旨の宣伝文句もあった。久さんは、後者を選んだ。

製造業請負最大手のN総業から最初に送り込まれたのは、長野の自動車部品工場だった。残業は毎日四時間以上あったが、寮費が二人用個室で七万円かかったため、手取りは月一五万円。工場内作業員の大半は派遣・請負労働者で「主力を担っていると言っていい」(久さん)状態だった。三〜六ヵ月で多くの人が入れ替わり、一年以上働いている人は一、二割しかいない。序列は明確で、正社員がトップ、その次がパート・アルバイト、派遣はさらにその下の立場で「派遣には休憩がなかった」という。正社員はライン作業にはつかず、管理するだけ。「とにかくラインを止めない、穴を空けないことが(彼らの)一番の仕事だった」。

そこの仕事は三ヵ月で契約満了。更新はされず、二人は実家に戻って次の仕事を待った。N総業から仕事のオファーは結構あったが、たいていは自動車の車両組立工場だった。しかし会社の人から、車両組立ての仕事はラインのスピードが速く、ついていけないだろうと聞いていたので、それは見送った。

半年後、再び自動車部品工場へ。今度は愛知県だった。面接の段階では「残業ありで、月収二四万～二五万円」と聞いていたが、実際は残業なしの定時あがり。寮費を引くと、手取りは一〇万円を切った。三ヵ月でやめた。今度は自分からだった。手取り一〇万円を切るようでは、妻の実家に仕送りできなかったからだ。

それ以外にも不満があった。古株の派遣・請負労働者の士気が低かった。社員がいないと久さんたち新入りに任せて、自分たちはサボる。だが、彼らだけが悪いのではないこともわかっていた。「商品が好きでやってるわけじゃないから、愛着もないんですよね」と久さんは分析している。話によると、給料は自分たちの手元に入る前に、半分近くピンハネ(中間搾取)されているらしい。「サラ金と同じように規制してくれたらいいのに」と彼は願う。

二〇〇六年秋、サラ金(消費者金融)の高すぎる金利が二〇〇万人を超す多重債務者を生み出していることの反省から、上限金利をこれまでの二九・二%から原則として一五～二〇%にまで引き下げることが決定された(二〇〇九年から完全実施)。久さんはこのことを言っていた。消費者金融の金利のように、派遣・請負業の中間マージンにも上限があれば、もう少し「働けば生活していける」ようになるのではないか。

派遣・請負業の実態を知った新田夫妻は、その後改めて実家近辺で水産加工業の仕事を探すが、三社面接したものの、全部不採用だった。経験者または外国人が優先だと言われた。仕方なく、再び派遣・請負の仕事を探した。

二〇〇七年四月、夫妻は東京に派遣された。今度は、東京・武蔵村山市の工場で、コンビニ弁当を作る仕事だった。武蔵村山のコンビニ弁当工場と言えば、桐野夏生氏のベストセラー小説『OUT』で、バラバラ殺人を遂行した主婦たちの労働の舞台にもなった場所だ。小説では多くのブラジル人労働者が働いていたが、新田夫妻が行った工場では二、三百人の作業員のうち、七、八割が中国人学生で、残りが五〇代、六〇代の女性パートだった。

送り込まれる前、夫妻が聞いていた労働条件は「勤務時間は二四時~六時の六時間で、時給は一〇五〇円。雇用保険・社会保険(健康保険・厚生年金)完備で、休憩あり」というものだった。妻の直美さんは、「それなら調子の悪い自分でもなんとか働けるんじゃないかと思って決めた」と言っていた。今度は二人で働く予定だった。

しかし実際は、深夜二二時から翌六時までの八時間勤務で、毎日のように残業が二時間ついた。時給は一二五〇円だったが、雇用保険・社会保険はついておらず、休憩は一〇時間に及ぶ労働時間中に一度もなかった。トイレに行くときは、自分から社員に告げなければならないが、その間にラインが止まるはずもなく、同僚にフォローしてもらう必要があった。そのことを考えると、とうてい行けるものではなかった。
直美さんには、無理な仕事だった。二人は五日間でやめた。

ネットカフェ暮らし

やめれば、同時に住む場所も失う。二人は寮費七万円の会社寮から即日出て行かなければならなかった。仕事も住居も失った段階で、二人の所持金は一万三〇〇〇円。その晩からネットカフェに泊まる。「ネットカフェ」とは、マンガを読んだり、インターネットを利用できる喫茶店のこと。インターネットの普及とともに一九九〇年代に登場し、二〇〇〇年前後から二四時間営業が一般化していったことで、「宿泊」が可能となった。とはいえ、一畳程度のスペースでリクライニングチェアを倒して仮眠するだけの場所であり、体の疲れは取れない。

新田夫妻が利用した池袋のネットカフェのナイトパック(深夜割引)料金は、二三時以降六時間で一人一五〇〇円。実質三時間ぐらいしか眠れない。久さんは「上京するときから、寝る場所に困ったらネットカフェ、と考えていた」と言う。しかし、その所持金では、ネットカフェでもすぐに底をつくのは目に見えていた。「自分一人ならなんとかなるが、妻にネットカフェ暮らしはきつすぎる」と考えた久さんは、アルバイト情報誌でまず妻の住込み就労先を探した。

三日目、幸いにして直美さんに短期アルバイトが決まる。都内の旅館の住込みだ。日当は六七〇〇円。勤務時間は長く、残業代もつかないが、一ヵ月辛抱すれば十三、四万円にはなる。何よりも、当面は寝る場所を確保できる。二人の所持金は五〇〇〇円を切っていた。直美さんは、そのうち二〇〇〇円を持って、旅館に行った。

久さんは、その後二日間野宿生活をする。夜通し街を歩いて、昼間公園で仮眠を取る生活だから、正確には「野宿」とも言えない。支援活動を通じて、野宿(ホームレス)状態にある多くの人たちと接してきた私の経験から言えば、初めての野宿というのは誰でもこのようなものだ。どこで寝ればいいかわからないし、上手に暖を取る方法も知らない。そもそも怖くて眠れない。それでも久さんが公園に長時間いると、近隣住民が警察に通報し、追い出された。

二日目に面接をしたアルバイトが決まり、三日目から働き始めた。本の取次の配送だ。日当は九～一七時勤務で六一〇〇円。毎日五〇〇〇円を受け取って、残りを週単位で月曜日に受け取る。職場には三〇〇人ぐらいが働いていたが、久さんは二〇〇人ぐらいは自分と同じ「宿なし」だったのではないかと思っている。

たとえば、大きな荷物を会社のロッカーに詰め込んでいる人がいた。また、ネットカフェのナイトパックを利用していたら、職場の同僚がいた。久さんは週に一度は体を休めるために山《さん》谷《や》（東京都台東区の日雇い労働者街）の簡易旅館（通称「ドヤ」と呼ばれる）の三畳個室を利用していたが、同じ作業をしていた二〇代女性と山谷で会ったこともある。「宿なし」だとはっきりわかる人がいる一方で、その人たちはとてもそうは見えなかったので、久さんは驚いた。「三〇〇人のうち二〇〇人ぐらい」という数字は、「彼／彼女でさえ……」というその驚きから来ている。

働き出して一ヵ月後、久さんはようやくネットカフェ生活を抜け出して、再びゲストハウスに移った。自分のお金だけでは足りなかったが、直美さんの給料が一部出ていた。一番安いところを探して今度は埼玉県内に借りた。月額二万八〇〇〇円と清掃料五〇〇〇円だった。

五〇日間のネットカフェ生活で一番辛かったのは、泊まり始めて二週間後ぐらいから、店員の対応が急にぞんざいになったことだった。「隣に並んだ客には丁寧に受付するのに、自分はもう「客扱い」ではなかった」。きちんとした接客サービスをしなくても明日も来る人だと思われたからか、それともネットカフェで暮らさざるをえない人たちへの差別意識か。

生活相談に〈もやい〉へ

さらに二週間後の六月中旬、直美さんも旅館の仕事を切り上げて、久さんとは別のゲストハウスに移る。別々のゲストハウスと契約したのは「そっちのほうが安かったから」だ。その一〇日後、久さんは腰を痛め、かつ持病の喘息もひどくなったため、本の配送のアルバイトをやめる。この時点で二人が貯めたお金は、二五万円に達した。

二人で住める東京近郊の多摩地域のゲストハウスを物色したが、うまくいかず、携帯サイトで敷金・礼金のいらない物件を探したところ、不動産会社Sの広告を見つけ、本社で物件紹介を受ける。この不動産会社は、敷金・礼金・仲介不動産手数料ゼロ、保証人不要の賃貸物件を専門に扱っている。二人に対応した社員は、「簡単に言えばホテルです」「もし(前家賃が)一日でも遅れたら、鍵を交換する」「ふつうのホテルなら、お金払わないで荷物を置いてなんかくれないでしょ」と話した。

久さんはうさん臭いものを感じて反対したが、直美さんは積極的だった。結局、賃料(契約約款上は「施設付鍵利用料」)五万九〇〇〇円と家賃保証会社利用料四万円、事前のクリーニング費用一万円の計一〇万九〇〇〇円を支払って契約、六月二八日に入居した。この時点で所持金は一〇万円だった。

入居後、夫婦はそれぞれ仕事を探したが、久さんの腰痛は治らず、直美さんの精神状態も以前より不安定になり、仕事は容易に見つからなかった。七月一〇日、私が所属するNPO法人自立生活サポートセンター・もやい（以下、〈もやい〉）に電話して、相談を申し込む。〈もやい〉のことは、一年近く前、直美さんの実家にいるときテレビで見た。名前だけ覚えていて、ネットで検索した。「たとえば武蔵村山の弁当工場をやめたときなど、もっと辛い時期があったと思うんですが、どうしてそのときは連絡しなかったんですか」と聞いてみた。「あのときは、手持ちのお金がなく、相談すらできないんじゃないかと思っていた」と久さんは話した。

七月一二日、〈もやい〉スタッフが生活保護申請に同行。七月二〇日、生活保護開始決定。家賃が一日遅れただけで締め出されてしまうような住環境は住居としてふさわしくないと主張して、通常の賃貸借アパートに転居した。

現在、久さんの腰痛は治まっているが、ただでさえ体調の悪い中で無理に無理を重ねた直美さんの状態はその後さらに悪化し、久さんはしばらく「家を空けられない」状態が続いている。

貧困は自己責任なのか

小学生のときに両親を失う。貧しい家庭に育ち、精神的な疾患を抱える——このような二人の事例は、しばしば「極端な事例」「レアケース」として個人的な不幸・不運の問題と片づけられがちだ。また、一〇年にわたって非正規労働を転々とする、具合が悪くて仕事が続かない、といった部分は「根性が足りない」「計画性がない」と非難されやすい。

だが、そのような見方では、まじめに働き続けているのに、少年期・青年期の不幸・不運がその後の人生で修正されず、這い上がろうにもそれを支える社会の仕組みがない、という問題を見落としてしまう。

新田夫妻は、生活状況を改善させようと何度も試みているが、それを可能にする職場はついに登場しない。お金がない中で、安い住居を探したが、安くても安心していられる住居もついに見つからなかった。家族・親族に頼れない中で、生活再建を手伝ってくれる人も顔を出さない。行政から何らかのサポートを受けたという話も出てこない。夫妻は、文字通り孤立無援で生きてきたように見える。

誰にも頼れない状態の放置をそのまま正当化するのが自己責任論だが、自己責任論を声高に主張する人も、自分一人で生きてきたわけではないだろう。官・民にわたるサポートの不在は、本当に肯定されるべきものなのか。そこに行政や社会の責任はないのか――今、徐々にその問題に人々の関心が向き始めている。

新田夫妻と同様の事例は、他にいくつでも挙げることができる。〈もやい〉には、ほぼ毎日のように年齢も性別も世帯構成も異なる人たちから、SOSが舞い込んでいる。本人の責任として片づけるにはあまりにも多様な人たちが、日々新たに貧困状態に陥っている。そのことは、現代の日本社会に人々が貧困化する構造的な要因があるのではないか、という疑念を生じさせる。

何が問題で、私たちに何ができるのか、を真剣に考える時期に来ているのではないだろうか。

第二章　すべり台社会・日本

1　三層のセーフティネット

二〇〇七年三月二五日、東京新聞が「ほころぶ社会保障　弱者にしわ寄せ　セーフティーネットの検証」と題して見開き二頁の「生活図鑑」を掲載した（図1）。日本社会の代表的なセーフティネットの崩壊ぶりがコンパクトに図示されており、マクロな全体像を把握するのに便利なものだ。

それによれば、いわゆるセーフティネット（安全網。以下、単に「ネット」と略すこともある）は三層構造を持っている。雇用（労働）のネット、社会保険のネット、そして公的扶助のネットだ。セーフティネットは、このように重層的な構造になっている。生活保護が「最後のセーフティネット」と呼ばれるのはそのためだ。

しかし今、これら三層のセーフティネットの綻《ほころ》びが、露呈してきている。

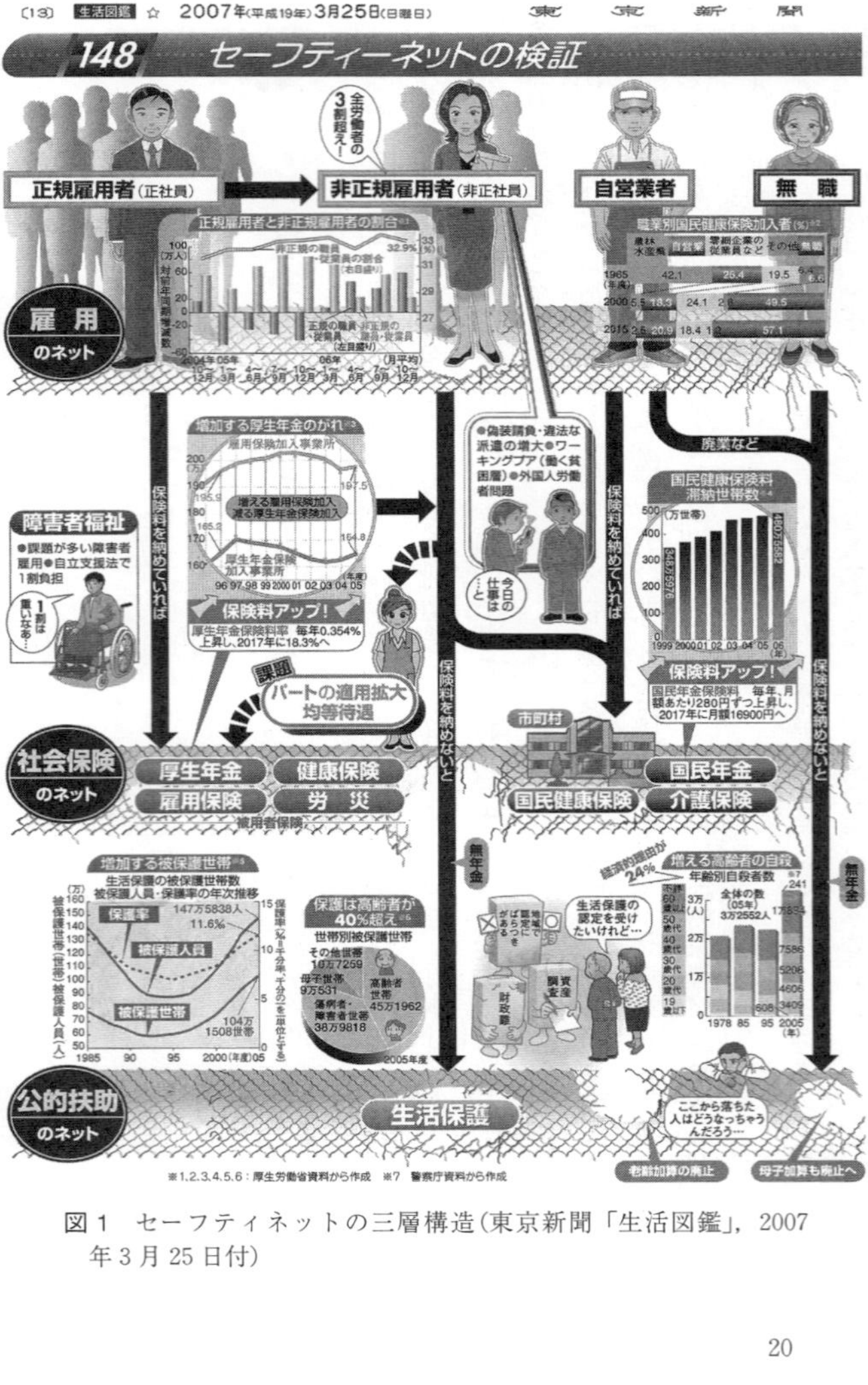

図1 セーフティネットの三層構造(東京新聞「生活図鑑」, 2007年3月25日付)

雇用のセーフティネット

一九九〇年代の長期不況以降、正規から非正規への雇用代替が急速に進み、非正規労働者はこの一〇年間(一九九七〜二〇〇七年一〜三月期)で五七四万人増え、正規労働者は同時期に四一九万人減った(総務省「労働力調査」。図2)。非正規労働者とは、期間の定めのある短期の契約で雇用される労働者のことで、パート・アルバイト・契約社員・派遣社員を広く含む。今や、全労働者の三分の一(一七三六万人)が非正規であり、若年層(一五〜二四歳)では四五・九%、女性に至っては、五割を超えている(五三・四%)。また、地方商店街が「シャッター通り」化し、米価も暴落(一九九〇年代前半には六〇キロ二万円を超えていたのが、二〇〇六年には一万四〇〇〇円台へ約三〇%減)するなど、自営業主の生活の厳しさも露《あらわ》になっている。

いわゆるフリーターの平均年収は約一四〇万円であり(橘木俊詔『格差社会 何が問題なのか』岩波新書、二〇〇六年)、国税庁の発表では年収二〇〇万円以下の給与所得者が二〇〇六年、一〇二二万人に達した(民間給与実態統計調査)。もはや「まじめに働いてさえいれば、食べていける」状態ではなくなった。労働の対価として得られる収入によって生活を支えていく、というこれまでの日本社会の「あたりまえ」が「あたりまえ」ではなくなったのである(図3)。

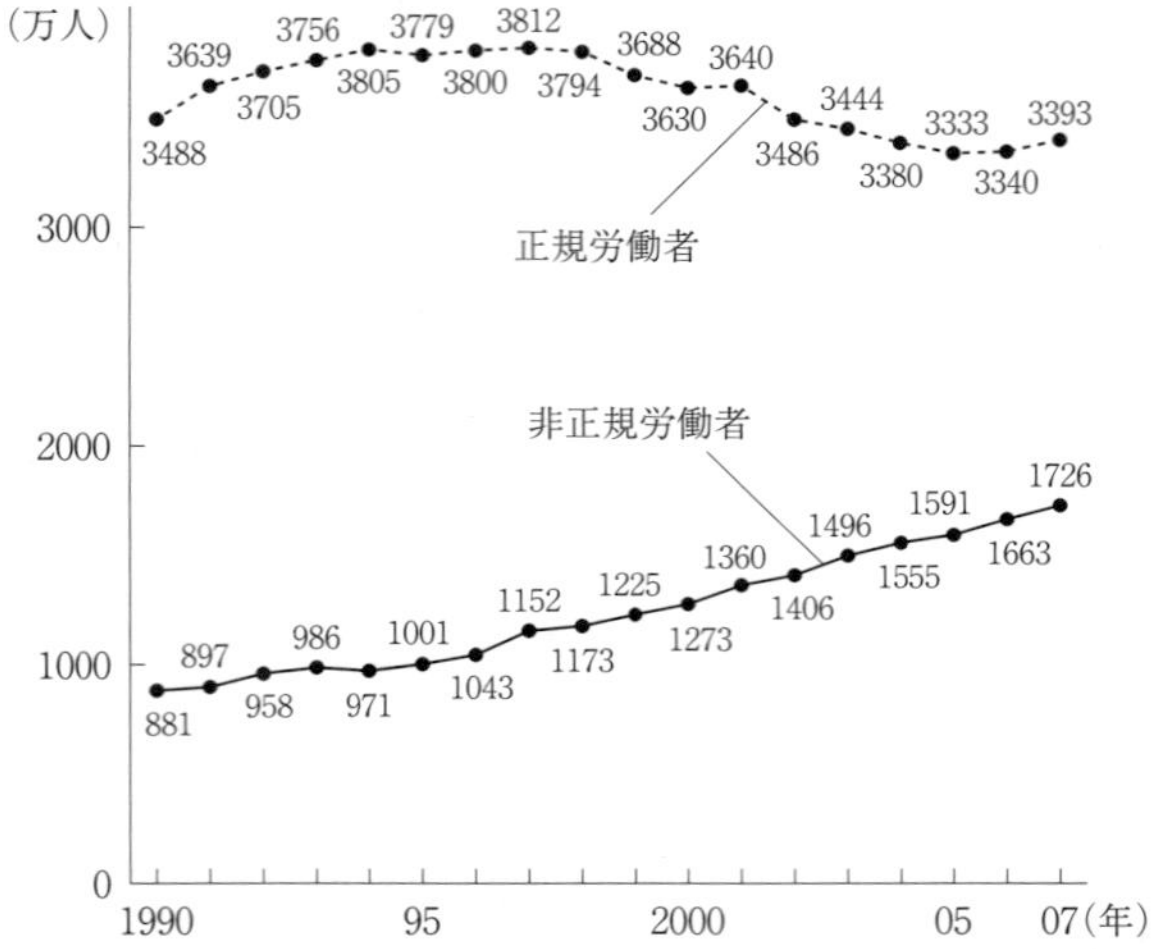

出所：総務省「労働力調査特別調査(2月調査)」(1990-2001年)，「労働力調査詳細結果(1-3月平均)」(2002-2007年)

図2　正規労働者・非正規労働者の増減

このような雇用（労働）状況は、人々が望んで作り出したものではない。非正規労働者の代表格であるフリーターが四一七万人にまで達したのは二〇〇一年だが（内閣府『平成一五年版国民生活白書　デフレと生活――若年フリーターの現在《いま》』）、未だかつて正規雇用を募集しても人が集まらず、非正規雇用を自ら望む人たちが多数を占めたという時期はない。「自由で多様な働き方」を求めて、人々が非正規労働に流れていったとする考え方は後付けであり、実際のプロセスを歪曲《わいきょく》している。

実際には、一九九〇年代の長期不

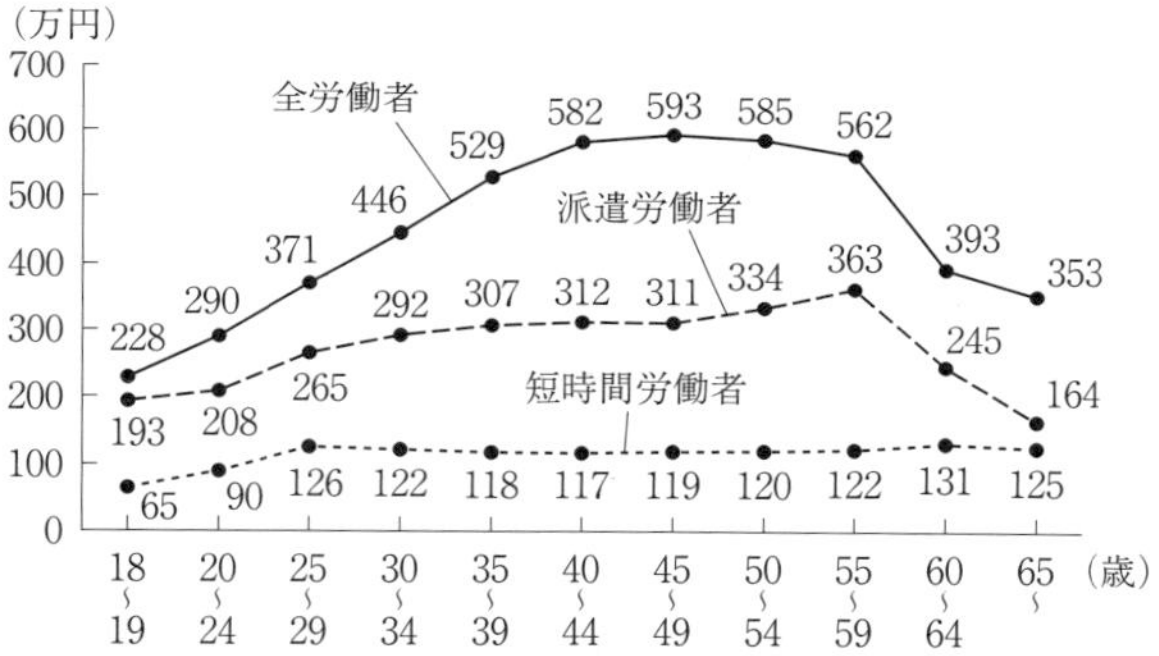

出典：厚生労働省「今後の労働者派遣制度の在り方に関する研究会」第1回資料

出所：全労働者，短時間労働者については，厚生労働省「賃金構造基本統計調査」(2005年)

派遣労働者については，同「労働力需給制度についてのアンケート調査」(2005年)

注：短時間労働者とは，1日の所定労働時間が一般の労働者よりも短いか，1週の所定労働日数が一般の労働者よりも少ない者をいう

図3　派遣労働者・短時間労働者の年収

況の中で、企業による労働者の非正規化が徐々に進行していった。当時の経団連が「新時代の「日本的経営」」(一九九五年)で、労働者を「長期蓄積能力活用型」「高度専門能力活用型」「雇用柔軟型」に三分類し、一部の主力正社員以外は派遣や請負による非正規でまかない、それによって人件費を軽減して企業業績を好転させようと提唱した。その後、事態はその提言どおりに進行した。

企業が生き残り、日本経済が不況を脱するためには非正規化もやむなし、という風潮のもと、働く人たちの意思とは別のところで非正規化が進められていった。非正規労働者には、大企業の正社員のような安定した地位もなければ、賃金も安い。短期の雇用打ち切り（雇い止め）による失業のリスクも高く、働くことが生活を成り立たせるネットの役割を必ずしも果たしていない。

また、非正規労働が蔓延する中で、正規労働者の地位の切り崩しも進んでいる。「働きたい人は他にいくらでもいる」と言えば、多くの人は黙ってしまうからだ。何時間残業しようとも一定時間分しか残業代の出ない「みなし残業代」を盛り込んだ雇用条件で、月収二〇万円未満で働く正規労働者が増えている。また、そもそも残業代を支払わないために、役職だけ管理職名をつける手法も横行している（「なんちゃって正社員」「名ばかり管理職」とも言われる）。

働いても生活が成り立たない、また働く場そのものから追い出されるという形で、雇用（労働）のネットから漏れ落ちてしまう人が増えている。

社会保険のセーフティネット

社会保険には、被用者（雇われて働く人）のための厚生年金・雇用保険・健康保険や労災保険、自営業主や高齢者には国民年金・国民健康保険、それに介護保険などの多様な制度が含まれる。この社会保険のセーフティネットにも、大きな穴が空いてしまっている。

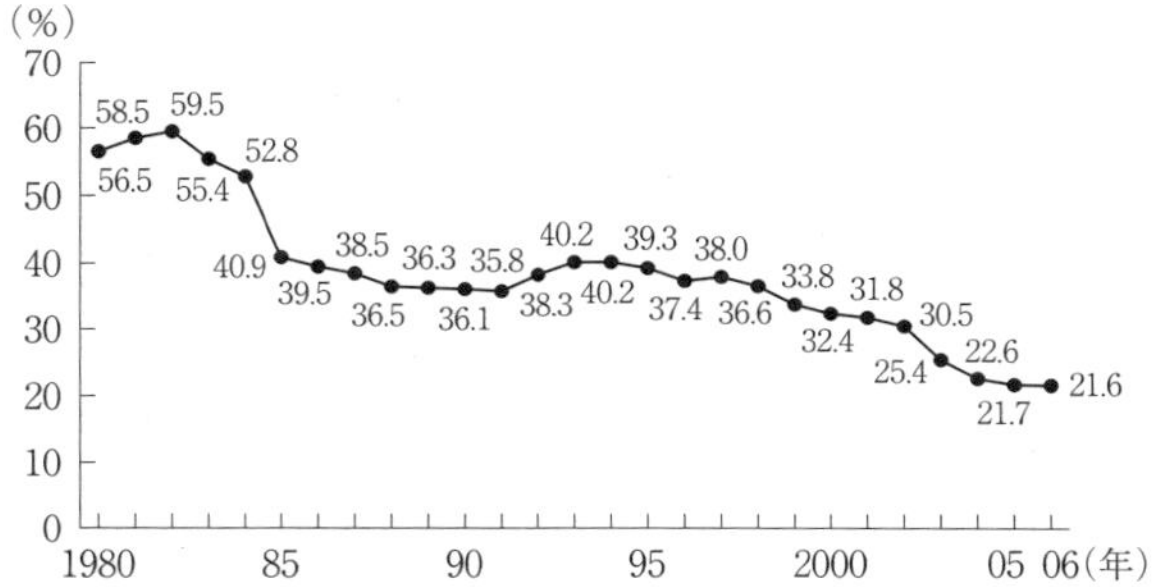

出典：後藤道夫「ワーキングプア増大の前史と背景」『世界』2008年1月号
注：雇用保険受給率とは完全失業者に占める受給実人員の割合

図4　雇用保険受給率の推移

たとえば失業給付。企業が非正規化を進めてきたのは、コスト削減のためだ。正規社員に比べて簡単に雇い止めできるし、雇用保険・健康保険等にも加入させなくていい。法律上は、たとえ非正規であっても、一定の要件を満たしている場合には雇用保険・健康保険等の加入義務が生じるが、実際には少なからぬ非正規労働者がフルタイムで働いているにもかかわらず、加入しない会社がたくさんある。

その結果、雇用されているにもかかわらず雇用保険に加入していない労働者が増えている。失業給付に至っては、一九八二年には失業者の五九・五％が受け取っていたが、二〇〇六年には二一・六％にまで落ち込んでいる(図4)。それは、フルタイムで働く非正規労働者が天引きされた雇用保険料を企業から強引に取り戻したからでもなければ、失業給付の受け取りを拒否したからでもない。失業給付の受給資格を持っていなかったからだ。これも、彼／彼女らの自己責任と言うには無理がある。

国民健康保険も同様である。国民健康保険料については、二〇〇六年で四八〇万世帯（一九％）、金額で九・八五％という高い滞納率が問題となっている。

一部の新聞報道は「払わない」人たちが増えたと強調している。しかし、その背景には、加入者の四九・四％が六〇歳以上、五三・八％が無職、世帯主が雇われて働いている世帯の六一・五％が年収二〇〇万円未満という中で、国民健康保険料と、それが所得に占める保険料負担率が上がり続けている、という事情がある（いずれも二〇〇五年の数字。国民健康保険料国庫負担割合は、一九八四～二〇〇四年の二〇年間で四九・八％から三四・五％に減少。保険料負担率は約八・五％まで上昇）。

国民健康保険料の長期（一年以上）滞納者に対する「被保険者資格証明書」（以下、資格証）の交付は、三四万世帯（二〇〇七年）に上っている。読売新聞の調査によれば、対象となった三千六百余世帯のうち、年収二〇〇万円未満が六七％（一〇〇万円未満が三八％）である（読売新聞二〇〇八年一月四日付）。路上で暮らす野宿者は言うまでもなく、いわゆる「ネットカフェ難民」の七三・二％は健康保険に加入していない（厚生労働省「住宅喪失不安定就労者の実態に関する調査報告書」二〇〇七年八月。以下、「ネットカフェ難民」調査。なお、数字は東京の実態調査結果による)。もちろん、この人たちが民間の医療保険に加入できる可能性は、さらに低い。

その結果、過去一年間で「具合が悪いところがあるのに医療機関に行かなかったことがある」低所得者層(年収三〇〇万円未満、貯蓄三〇万円未満)は四〇%、「深刻な病気にかかったときに医療費を払えない」と不安をもつ人は八四%である(日本医療政策機構調査。産経新聞ウェブ版二〇〇七年二月一五日付)。資格証を交付されている世帯の医療受診率は、交付数一位の神奈川県で三%程度、二位の福岡県で〇・九%程度と、事実上、医療受診の機会が奪われているのに等しい(二〇〇五年全国保険医団体連合会調査)。保険証がなく医療費を支払えないために受診が遅れた末に死亡した人は、二〇〇五〜二〇〇七年の二年間で少なくとも二九人いたとされている(全日本民主医療機関連合会調査。中国新聞二〇〇七年三月一五日付)。

さらに国民年金保険料の実質納付率は二〇〇六年度に五割を切り、無年金者は近い将来八〇万人に達すると言われている(田中敏「無年金・低年金と高齢者の所得保障」国立国会図書館『調査と情報』五二八号、二〇〇六年五月)。社会保険のネットからも、また多くの人たちが漏れてしまっている。

公的扶助のセーフティネット

日本の公的扶助制度としては、所得・資産が基準値に満たないときに生活費・住宅費・医療費・教育費などの扶助が世帯単位で受けられる生活保護制度がある。

生活保護受給世帯は、一九九五年に過去最低の七二万世帯八八万人で「底打ち」して以降、この十数年増え続け、二〇〇六年には一〇七万世帯一五一万人に達している(厚生労働省「平成一八年度社会福祉行政業務報告」。図5)。それでも、生活困窮に立ち至ってしまった人のすべてが、最後のネットで対応されているわけではない。北九州市で、生活保護を受けられずに、または生活保護を廃止されて餓死するに至った事件が三年連続で起こったことは記憶に新しい。

実際に生活保護基準以下で暮らす人たちのうち、どれだけの人たちが生活保護を受けているのかを示す指標に「捕捉率」がある。政府は捕捉率調査を拒否しているが、学者の調査では、日本の捕捉率はおおむね一五~二〇%程度とされている。二〇%として約四〇〇万世帯六〇〇万人、一五%とすれば約六〇〇万世帯八五〇万人の生活困窮者が生活保護制度から漏れている計算になる。一五~二〇%しかカバーできていないのでは、もはやネットの「穴」と言える状態ではない。

この背景にはさまざまな要因があるが、「どんなに生活が苦しくても、生活保護など受けた

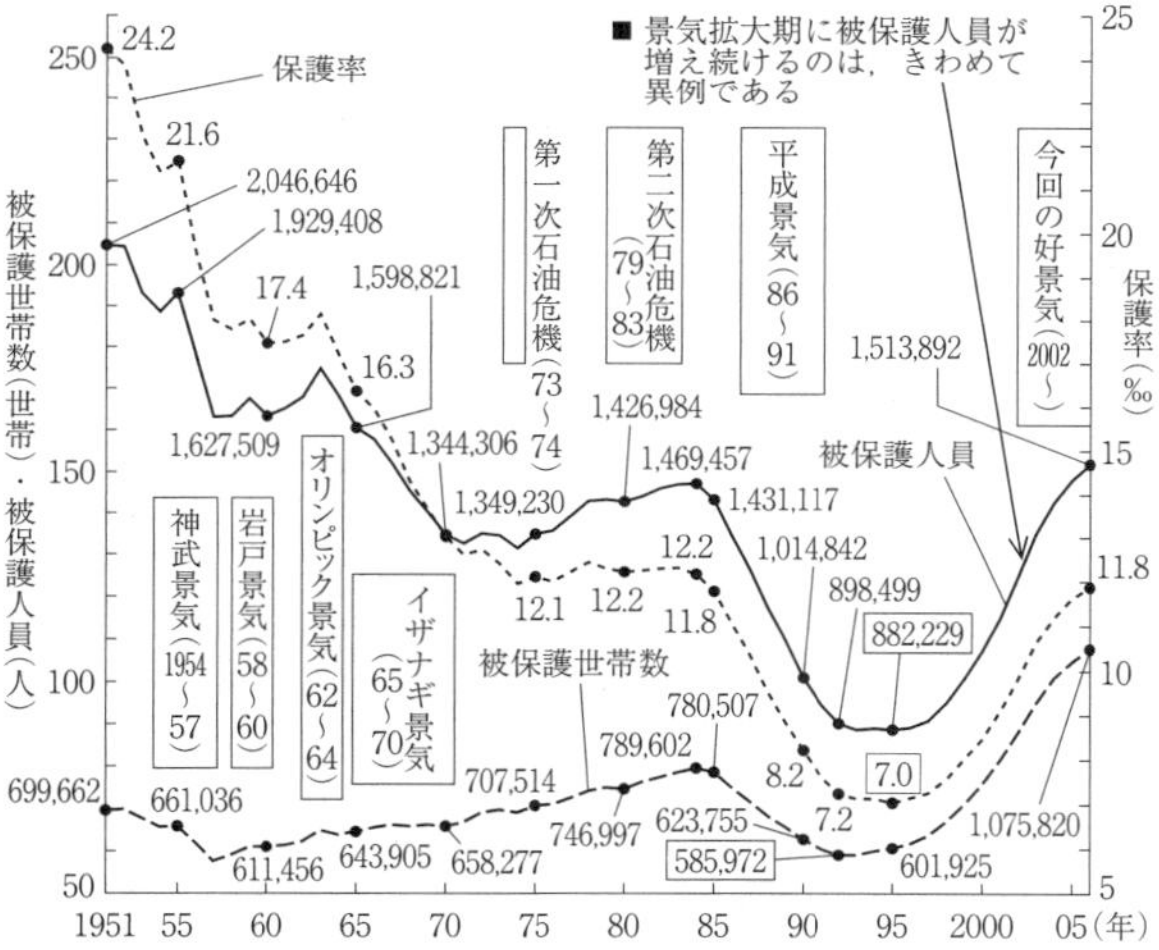

出典：「生活保護基準に関する検証会」第1回資料
出所：厚生労働省「平成18年度社会福祉行政業務報告」

図5　被保護世帯数，被保護人員，保護率の推移

くない」という制度そのものに対するマイナスイメージが根強いことと並んで、自治体窓口で申請させずに追い返す「水際《みずぎわ》作戦」が全国で横行していることが大きな要因としてある。日本弁護士連合会の電話相談の結果によれば、自治体窓口で保護の申し出を拒否されたうち、六六％が自治体の対応に生活保護法違反の可能性があった（日本弁護士連合会編『検証 日本の貧困と格差拡大――大丈夫？ ニッポンのセーフティネット』日本評論社、二〇〇七年）。三人に二人が違法に追い返されている可能性があるというこの指摘は、会計検査院が示した二〇〇四年度の「申請率（相談に訪れた人たちのうち、どれだけが申請に至っているか）」の全国平均値三〇・六％とほぼ合致する（「社会保障費支出の現状に関する会計検査の結果について」二〇〇六年一〇月）。申請に至らなかったケースの多くは、違法に追い返されている可能性がある。

生活保護と言うと、すぐに「必要のない人が受けている」「不正受給者がいる」と言われることがあるが、生活保護の不正受給件数は二〇〇六年度で一万四六六九件である。必要のない人に支給されることを「濫給《らんきゅう》」と言い、本当に必要な人に行き渡らないことを「漏給《ろうきゅう》」と言うが、一万四六六九件の濫給問題と六〇〇万〜八五〇万人の漏給問題と、どちらが問題の性質として深刻か、見極める必要があると思う。

すべり台社会

うっかり足を滑らせたら、どこにも引っかかることなく、最後まで滑り落ちてしまう。このような社会を、私は「すべり台社会」と呼んでいる。日本社会は、今どんどん「すべり台社会」化しているのではないか。

このことは、働いても生活保護基準（最低生活費）以下の収入しか得られない「働く貧困層（ワーキング・プア層）」を考えてみると、はっきりする。非正規化が進んだ後に労働市場に出ていった若者たちにとって、正規雇用職に就くことはかつてよりずっと難しくなっている。正規雇用のパイが減っているのだから当然だ。

非正規で働けば、より高い失業リスクにさらされる。派遣労働の合間、または企業業績のわずかな変化の影響で、失業の憂き目に遭うことがある。しかし彼／彼女らの多くは、非正規であるがゆえに雇用保険に加入しておらず、失業しても失業給付を受けることができない。失業しやすく雇用のネットからこぼれ落ちやすい非正規労働者ほど、実は社会保険のネットにも引っかかりにくい。失業給付の受給資格をもつのは、現実には失業のおそれの低い大企業の正社員が中心であり、失業給付はその意味で、格差是正機能を持ち合わせていない。

さらに、この人たちは、たとえ生活困窮に立ち至ったとしても、事実上生活保護を受けることができない。そもそも生活保護という制度自体を知らない人がいる。制度の存在を知っていても、自分が受けられるとも、また受けたいとも思わない。さらには本当に生活に窮して自治体窓口を訪れたところで、「まだ若いんだから働けるはずだ」という「水際作戦」が待ち構えている。

つまり、三層であるべきセーフティネットが三段構えになっていない。図１（二〇頁参照）で、雇用のネットで非正規労働者の足元に空いている中央の穴が、社会保険のネットでも公的扶助

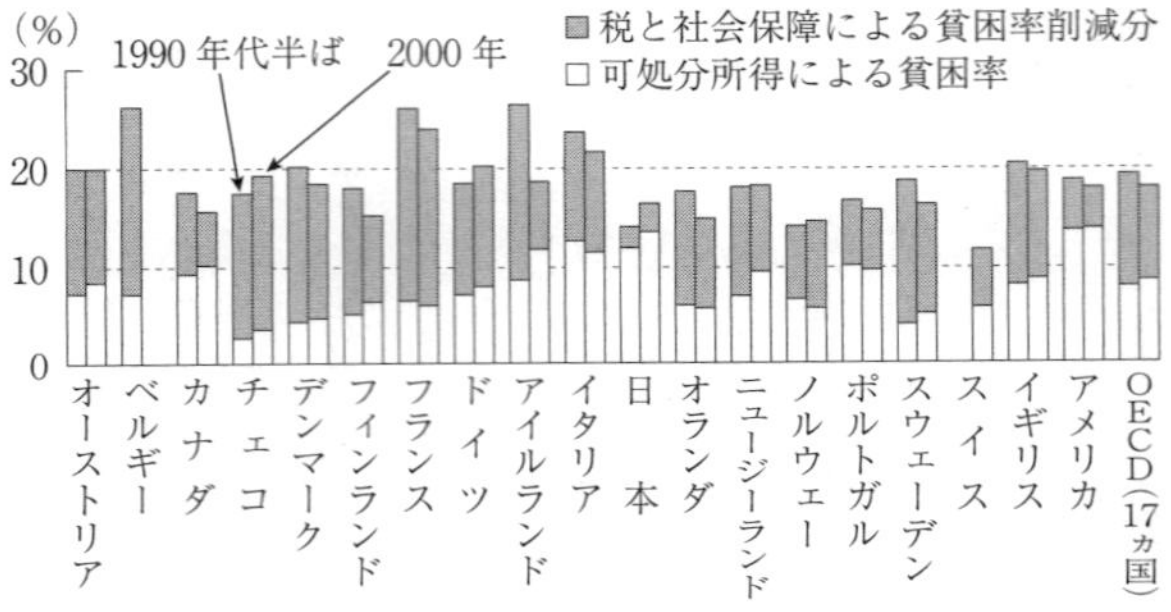

出典：後藤道夫，前掲論文
出所：OECD『1990年代後半OECD諸国における収入格差と貧困――OECD社会・雇用・移民ワーキングペーパー22』29頁

図6　税と社会保障移転による相対的貧困率削減効果

のネットでも同じ位置に空いているのはそのためだ。「三層」と言えば、一つをすり抜けても次で引っかかる三段構えの安全網をイメージするが、非正規労働者にとって三つのネットはワンセットであり、そこから丸ごと排除されている。一段目から落ちる人は二段目も三段目も素通りしてしまう構造になっている。

ＯＥＣＤ（経済協力開発機構）は、税と社会保障移転による相対的貧困率削減効果が日本では極めて少ないことを指摘しているが（ＯＥＣＤ『一九九〇年代後半ＯＥＣＤ諸国における収入格差と貧困――ＯＥＣＤ社会・雇用・移民ワーキングペーパー22』、後藤道夫「ワーキングプア増大の前史と背景」岩波書店『世界』二〇〇八年一月号。図6）、その原因は、このようなセーフティネットの排他性にある。彼／彼女たちは、一度雇用のネットからこぼれ落ちたが最後、どこにも引っかかることなく、どん底まで落ち込んでしまう。だから「すべり台社会」と言う。

多くの非正規労働者(周辺化された正規労働者を含む)たちは、このひと連なりの穴の淵(貧困の淵)で生きており、その生は文字通り貧困と背中合わせである。近年、若年貧困の実態が驚きをもって報道され、また受け止められているが、こうしたセーフティネットの構造上の問題を見れば、驚くに値しない。

日本社会に広がる貧困

「すべり台社会」の中で足を滑らした多くの人たちが、いま貧困状態に立ち至っている。所得レベルで見れば、すでに見たように年間を通じて働いているのに年収二〇〇万円未満という人が一〇〇〇万人を超えている。高齢者や無職を含めれば、所得のもっとも低い二〇%の人たち(第一・五分位)の平均年収は一二九万円、年収二〇〇万円未満が総数四七五三万世帯の一八・九%、八九八万世帯を占める(厚生労働省「平成一八年度国民生活基礎調査の概況」。図7)。

高齢者では、無収入が五・三%、月収一〇万円未満が四〇・〇%に達している(全日本民主医療機関連合会「高齢者医療・介護・生活実態調査」)。高齢者の中で年々比率が高まっている一人暮ら

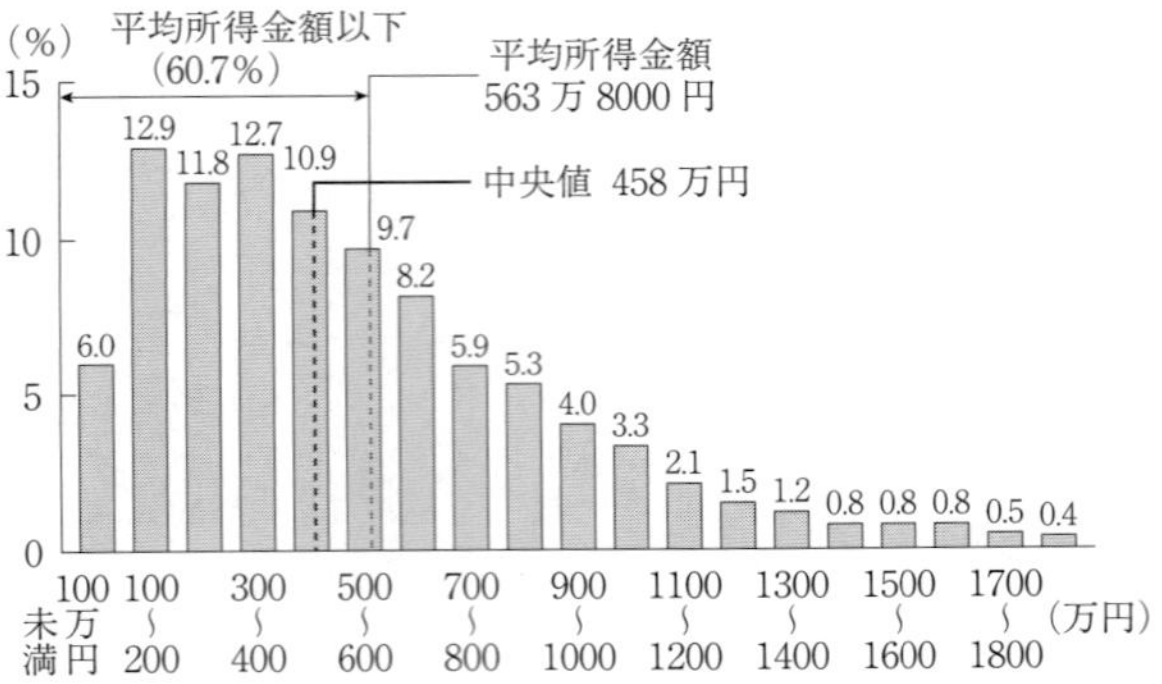

出典:厚生労働省「平成18年度国民生活基礎調査の概況」

図7　所得金額階級別世帯数の相対度数分布

し高齢者(二〇〇〇年で男性八・〇%、女性一七・九%)の所得を見ると、二〇〇一年で年収一二〇万円未満が男性二一・五%、女性三七・六%に達し、高齢者人口内での相対的貧困率(収入から税金・年金を引いた可処分所得が、高齢者世帯全体の中央値「一番低い人から一番高い人まで並べたときに真ん中になる値」の五〇%未満しかない世帯の割合)は、男性二四・九%、女性四二・〇%にも上る(男女共同参画会議専門調査会中間報告、二〇〇八年一月)。

さらに、子どもの貧困率は、国連児童基金(ユニセフ)の二〇〇五年度調査報告書で、OECD加盟二四ヵ国中一〇番目に高い一四・三%。一九九〇年代を通じて二・三%上昇している。

資産レベルで見れば、いわゆる「貯蓄なし世帯」が二〇〇五年で二三・八%と一〇年前の約四倍、二

○代では三六・六%、三〇代でも二六・九%に達しており、そのうち年収二〇〇万円未満が五五・六%を占める(金融広報中央委員会「家計の金融資産に関する世論調査」)。家計貯蓄率(可処分所得の中から貯蓄に回した割合)も、二〇〇六年度で三・二%と九年前の三割以下に減少した(内閣府「国民経済計算」)。

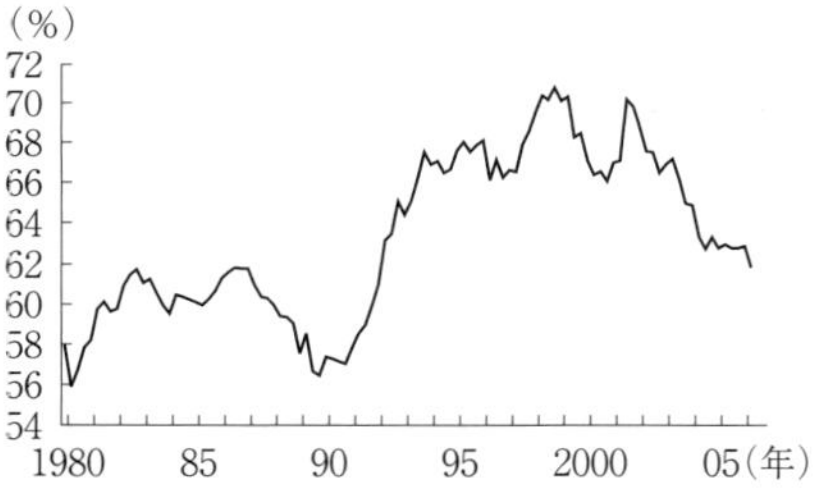

出典：農林中金総合研究所「2006-07年度改訂経済見通し」
出所：財務省「法人企業統計季報」
注：労働分配率＝人件費／(経常利益＋支払利息・割引料＋減価償却費＋人件費)

図8　労働分配率の推移

背景にあるのは、雇用環境の悪化だ。企業業績は、二〇〇六年度に売上高で前年度比三・九%増の一五六六兆四三二九億円、経常利益も同五・二%増の五四兆三七八六億円といずれも過去最高を記録している(財務省「法人企業統計調査」)。にもかかわらず、日本の労働分配率(経常利益等に占める人件費の割合)は、一九九八年をピークに二〇〇一年以降減り続けている(農林中金総合研究所によれば、一九九八年一〇~一二月期の七〇・九%から、二〇〇六年七~九月期に六一・七%まで下落している。図8)。

経済アナリストの森永卓郎氏は、次のように指摘している。

「日本では二〇〇二年一月から景気回復が始まり、名目GDPが一四兆円増える一方、雇用者報酬は五兆円減った。だが、大企業の役員報酬は一人当たり五年間で八四％も増えている。また、株主への配当は二・六倍になっている。ということは、パイが増える中で、人件費を抑制して、株主と大企業の役員だけが手取りを増やしたのだ」(「ホワイトカラー・エグゼンプション、導入の動きは消えていない」日経BP社コラム「SAFETY JAPAN」第六七回、二〇〇七年一月二九日)

その結果、戦後最長の景気上昇期間を経験していながら、従来であれば好況期には減少していくはずの生活保護受給者が増大していく、という異常事態に立ち至っている(図5参照)。

こうした状況を背景に、研究者たちもさまざまな試算をしている。橘木俊詔・浦川邦夫両氏は、「可処分所得が生活保護基準未満である世帯の割合」を世帯類型別に割り出し、高齢者世帯、高齢者世帯を除いた単身世帯(就労世帯)、母子世帯、子どものいない夫婦世帯など多くの世帯類型で貧困率が上昇していると主張している。彼らの推定する捕捉率は、二〇〇一年で一六・三％だった(『日本の貧困研究』東京大学出版会、二〇〇七年)。生活保護受給者一五一万人が一六％にしか当たらないとすれば、貧困層の数は一〇〇〇万人に達する計算になる。

また、駒村康平氏も、生活保護水準以下の低所得者比率を一九九九年で七・七％、捕捉率を一八・五%と推定し、さらに六五歳未満で就労していながら生活保護水準以下で暮らす「ワーキング・プア・ボーダーライン層」を五・四六%、単身世帯で一一・一%と推計している（「低所得世帯の推計と生活保護制度」慶應義塾大学『三田商学研究』四六巻三号、二〇〇三年五月。および「ワーキングプア・ボーダーライン層と生活保護制度改革の動向」日本労働政策研究機構『日本労働研究雑誌』二〇〇七年六月号）。唐鎌直義氏は、所得の低い一〇%の世帯が、全体としてワーキング・プア状態にあると指摘している（「中年家族持ちワーキングプアの生活と社会保障改革」旬報社『ポリ

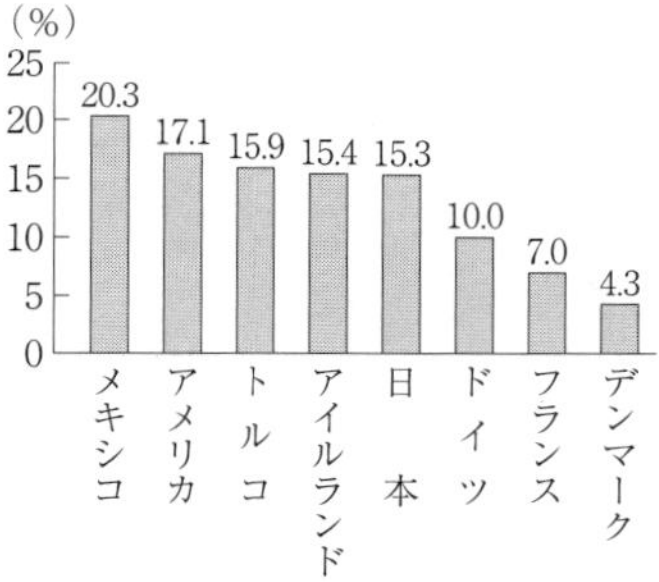

出典：日本弁護士連合会第49回人権擁護大会資料集
出所：OECD「対日経済審査報告」（2006年7月）

図9　全人口の相対的貧困率

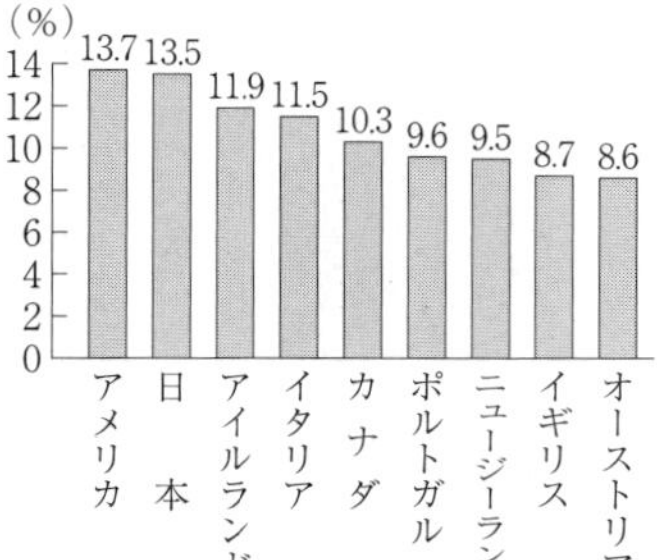

出典・出所：同上

図10　生産年齢人口の相対的貧困率

ティーク』一〇号、二〇〇六年五月)。

国際的にも、二〇〇六年七月のOECDによる対日経済審査報告で、二〇〇〇年時点の日本の相対的貧困率は、加盟二五ヵ国中五位の一五・三%、また一八〜六五歳の生産年齢人口について見れば、データのある一七ヵ国中アメリカに次いで二位(一三・五%)となった(図9・図10)。

ここに紹介した一部の統計・研究を見るだけでも、日本社会全体に貧困が広がっていることがわかるだろう。

2　皺寄せを受ける人々

先に挙げた図1には、公的扶助のネットから下を覗きながら「ここから落ちた人はどうなっちゃうんだろう……」とつぶやく人物が描き込まれている。最後のセーフティネットからこぼれ落ちた人たちも、お金が少ないだけで、それ以外は他の人たちと同じように働き、家族を構成し、平穏に暮らしているだろうと考えるとしたら、貧困の実態はつかめない。お金にも気持ちにも余裕のない状態は、安定した暮らしをする人たちにはなかなか想像できない種々のトラブルやストレスを生む。貧困を生み出し続ける社会が、何を同時に生み出しているのか。その一端を見ていきたい。

食うための犯罪

三層のセーフティネットがいずれも機能不全に陥る中で、刑務所が第四のセーフティネットになってしまっている、と連合総合政策局長・小島茂氏は指摘している（「社会的セーフティネットの再構築に向けて」宇都宮健児・猪股正・湯浅誠編『もうガマンできない！ 広がる貧困』明石書店、二〇〇七年）。第一から第三のいずれのネットにも引っかからなかった人たちが「塀の外では食べていけない」ために、生きるために罪を犯し、刑務所に入っている。

二〇〇七年八月六日付の日本経済新聞ウェブ版は、次のように伝えている。

「刑務所を満期出所した六五歳以上の高齢受刑者の約七割が、出所後に罪を犯して再入所していたことが、法務総合研究所の調査で分かった。高齢受刑者対象のアンケートでは半数以上が金銭的に困窮していたと回答。法総研は「再犯の背景は経済的に不安定なことなど。司法の枠を超えた対策が必要だ」と指摘している」

〈もやい〉には、ときどき刑事事件の国選弁護人になった弁護士からも相談が来るが、二〇〇六年一月に送られてきたメールは、次のように書かれていた。

「私は現在、ある野宿者(ホームレス)の国選弁護人となっています。彼は現在五三歳で、ここ数年間、都内の公園で野宿者として生活していたのですが、今月二日、賽銭《さいせん》泥棒を行っていたところを逮捕され、現在刑事被告人となっています。過去にも同種の罪を犯し裁判を受け執行猶予中の身でしたので、今回は実刑判決が避けられない状況です。彼は、前回の裁判後、定職に就き、社会復帰しようとそれなりに努力したものの、高齢のホームレスを雇ってくれるところが見つからず、職探しを断念したという事情があるようです。私は、彼の今後の更生・社会復帰のためには、住居と職を確保することが必要不可欠であると考えていますが、前回の経緯をみても、彼一人でこれらを行うことは非常に困難であると思われます。何かいい方法はないか、インターネットで情報を検索していたところ、貴センターのホームページにたどり着きました」

聞けば、被告人Kさんの行った「賽銭泥棒」による被害額は一五〇円だという。定職に就き、社会復帰を果たそうとの努力が実らず生きていけなくなった上に、わずか一五〇円のために起訴されている。検察はそのような彼にも一年六ヵ月を論告求刑した。さすがに判決は一〇ヵ月に短縮されたが、それでも前の執行猶予が取り消されたために、Kさんは以後三年近く服役することとなり、今現在も刑務所にいる。

高齢刑法犯が一〇年で三・七倍に増えた北海道では(うち万引が五二%)、警察が「万引の被害店舗が全件届け出をするなど毅然と対処して再犯を防ぐことが必要」と呼びかけていた(北海道新聞二〇〇八年一月二八日付)。「どんな理由があろうと、罪を犯してはいけない」というのは、正論である。たとえ一五〇円であろうと、金を盗んだ以上、Kさんは「自己責任において」罰せられても仕方ないのかもしれない。しかし社会の目的は、彼を刑務所に送ることではなく、犯罪を減らすことだろう。彼が再び刑務所に戻らないために本当に必要なことは、彼が賽銭箱に手を伸ばさなくても生きられるようにすることではないか。私がKさんに差し入れたのは、自分で書いた生活保護申請のノウハウ本だった(『あなたにもできる! 本当に困った人のための生活保護申請マニュアル』同文館出版、二〇〇五年)。

厳罰主義の下で、実際には高齢者やKさんのような人たちで刑務所は溢れかえっている。「刑務所に入りたい」が動機となった刑事事件は、二〇〇五年四月～二〇〇七年一〇月の二年半に報道されただけで六六件に上る(上貞玲賜「生活保護メールニュース」)。自転車一台を盗み、そのまま警察に自首してきた所持金七〇円の五四歳の男性(読売新聞二〇〇七年六月一七日付)や、一六八円のケーキ一個を万引して、逃げるでもなく、そのまま逮捕された四七歳の男性(毎日新聞神奈川版二〇〇五年四月一五日付)のケースなど、いずれも生活さえできていれば、犯さなかっただろうと思える犯罪が少なくない。

日本の刑務所は約四〇〇〇人分不足していると言われ、過疎に苦しむ全国の自治体五〇ヵ所あまりが刑務所誘致合戦を繰り広げた。そして二〇〇七年五月、山口県美祢《みね》市に「ＰＦＩ(民間資金活用による社会資本整備)」方式によって、収容定員一〇〇〇人の「美祢市社会復帰促進センター」が開設された。いわゆる「民活刑務所」である。警備会社セコムを中心とするグループが運営し、入所者はＩＣタグの付いた衣服を着用し、二〇〇台のカメラに二四時間監視される。

「刑務所が不足している」という言い方は、人々の不安を駆り立てる。しかし、治安悪化が「神話」であることは、すでに指摘されている(浜井浩一・芹沢一也『犯罪不安社会』光文社新書、二〇〇六年)。現実に進行しているのが「塀の外では食べていけない」ことによる、貧困を原因とする犯罪だとすれば、刑務所新設よりも効果的な治安維持策があるはずだ。

「愛する母をあやめた」理由《わけ》

日本の多くの人たちにとって、すべり台の途中にある歯止めは、公的なセーフティネット(社会保険・公的扶助を含めた社会保障)ではなく、家族・親族である。家族の支えがあるかどうかが、決定的な分かれ道となってしまっている。それは、家族の支え合い機能の重要性と同時に、日本社会が家族に異常な負担を強いる社会であることを示している。

二〇〇六年五月二三日、北九州市門司区でミイラ化した遺体で発見された五六歳の男性は、複数回福祉事務所に相談に行き、申請意思を明確に示していたにもかかわらず、次男および長男の援助を受けるよう言われて、申請を拒否された末に餓死した。次男は、夜間のコンビニアルバイトが唯一の収入だった。

社会保障の脆弱さのツケを家族や親族が背負わされ、家族の中にさまざまな軋轢《あつれき》を生んだ結果、以下のような悲劇も起こっている。

二〇〇六年二月一日、京都市内の河川敷で、五四歳の男性が八六歳の母親の首をタオルで絞め、庖丁で首を切って殺害した。その後、ナイフで自分の左首、腹、左手首を切り、さらに近くの木で首を吊って自殺を図る。しかし、男性は意識を失って倒れているところを通行人に発見され、一命を取り留める。

男性は、幼少期から父親に「他人に迷惑をかけてはいけない」と言われて育ったという。三八歳のときからは、月収二〇万円弱の給料で彼が両親を養うようになるが、四四歳のときに父親が他界。そのころから母親に認知症の症状が出始める。四七歳で会社をリストラされた彼は、貯金を食いつぶす生活に突入し、一年で生活費に事欠くようになった。それでも派遣会社に就職でき、月収一八万円の給料をもらって生活を立て直す。

母親の症状が徐々に悪化する中、二〇〇五年四月からは介護のために週に数日は一睡もできない状態になり、六月には母親の徘徊行動をきっかけに仕事を減らした。七月下旬にはデイサービスを利用することとし、仕事と介護の両立を図ったが、新しい環境に戸惑ったのか母親の症状は急激に悪化し、九月上旬には仕事をやめ、失業給付を受け取る道を選んだ。

この間、男性は七月中旬に京都市の福祉事務所を訪れて生活保護の相談をしているが、職員は杓子定規に「がんばって働いてください」と言うのみだった。八月から九月にかけても同様の相談に行っているが、対応は同じだった。

失業給付はわずか三ヵ月。何とか年を越したものの、二月分の家賃三万円をどうしても支払うことができなくなった。一月下旬、他人様に迷惑はかけられない、もう死ぬしかない、と観念する。母親に「もうお金もない。もう生きられへんのやで」などと話しかけると、母親が「そうか、アカンか」「おまえと一緒やで」などと答える、という会話が繰り返された。

男性は、一月三一日最後の親孝行にと車椅子の母親を連れて繁華街を散策し、帰宅することなく、夜に犯行現場となった河川敷に到着。早朝まで覚悟が決まらないまま、母親と前記同様のやり取りを繰り返していた。早朝、母親が「わしがやったる」と発言したことで意を決し、犯行に及んだ。男性は、生活保護を受けさせなかった国を恨み、この国に生まれたことを恥じる内容などを書いた遺書を残していた。

男性は、承諾殺人罪を問われ、二〇〇六年七月二一日に京都地裁で判決が出た。裁判所は「結果は重大だが、行政からの援助を受けられず、愛する母をあやめた被告人の苦しみや絶望感は言葉で言い尽くせない」と述べて執行猶予付とした他、「日本の生活保護行政のあり方が問われているといっても過言ではなく、この事件を通じて何らかの変化があるものと思う」と異例の説諭を行った(朝日新聞夕刊二〇〇六年七月二一日付、および舟木浩「京都介護殺人事件報告書」近畿弁護士会連合会主催日弁連人権擁護大会プレシンポジウム提出資料、二〇〇六年九月)。

同じような事件は、大阪でも起きている。二〇〇七年六月一七日、大阪市内で四九歳の男性が八〇歳の母親を絞殺して、承諾殺人罪で起訴された。この男性も、電気・ガス・水道が止まる中、溶いた小麦粉で飢えをしのぎつつ大阪市の福祉事務所を訪れたが、「働けないという医師の診断書」を持ってくるように求められ、診断書代を用意できずに申請を断念していたという(朝日新聞二〇〇七年九月一八日付他)。

実家に住みながら飢える

一見、家族問題とみなされることの背景には、脆弱な社会保障からの無言の押し付けがある。そのことは、〈もやい〉の相談事例からも見て取れる。

二〇〇七年三月に相談に来た三一歳の男性は、実家に住みながら飢えていた。一週間ほとんど食べていないという。相談の前に食事を出すが、空腹のはずなのにあまり食べられない。話をするにも言葉がすんなりと出てこず、こちらの問いに「はい」とか「いや」とか返事をするのが精一杯の様子だった。見ず知らずの人間と対面していること自体が辛い、しかし生きるためにはこの場にいないといけない、という苦しさが伝わってきた。実家に住みながら飢えていたのは、無職・無収入なのに、その上台所を使わせてもらえないからだという。

彼は、専門学校卒業後、IT関係の企業にシステムエンジニアとして就職した。正規雇用だった。しかし二六歳のときに、派遣に切り替えられる。その会社では二六歳から昇給が始まるが、少なからぬ人たちがそのタイミングで派遣に切り替えられた。IT派遣労働者とは住込みのような仕事であり、一つのプロジェクトを始めると会社に泊まりこんで作業することは珍しくない。しかしまた、プロジェクトとプロジェクトの間には必ず無給の待機期間が生じ、ときにそれは数週間にも及んだ。そして、彼の両親にはそのことが理解できなかった。どうして昼間家にいるような仕事をしているのか……。彼は、仕事でも家庭でも情緒不安定になっていき、ついには一人前の仕事をこなせなくなって、会社をやめた。そして、生活費に事欠く中で借金も作った。

彼に十分な収入があれば、たとえ派遣で働いていたとしても、家を出て自分でアパートを借りるという選択肢があっただろうが、収入の少ない彼は事実上家に留まる他なく、そのことでさらに精神的に追い詰められていった。

私たちは、彼に対して生活保護を受給して家を出て、一人で暮らす中で家族との関係もリセットすることを提案したが、彼からはそのエネルギーもなかなか出てこず、結局申請までに二ヵ月近くを要した。

以下は、相談が始まって一ヵ月近く経った二〇〇七年四月下旬に送られてきたメールである。

「すいません　もうだめっぽいです／所詮僕みたいのは社会にはいらんのです／みんなから邪魔者扱いで　自分の努力が足りないのは分かります／でももう限界です／今一〇〇〇円ありますこれで行けるところまでいって死のうと思います／もう疲れました　体力も限界です」

実家に暮らしながらこのような精神状態に追い詰められるというのは、少し想像しづらいかもしれない。しかし、もっとも身近で、最後まで味方でいてくれるはずの人たちから疎外され、しかもそこから離れることもできないという場合、人々は容易にこのような精神状態に追い込まれていく。それは、彼の個人的な、家族間の問題であると同時に、公的なセーフティネットの問題でもある。その欠如が、彼や家族を追い込んでいく。

児童虐待の原因

児童虐待にも同じ側面がある。通常、児童虐待の原因は親の人格の問題、平たく言えば「とんでもない親がいたものだ」と受け止められる傾向にある。しかしそこにも「すべり台社会」の中でどん底まで落ち込んでしまった家庭の苦悩が反映しているケースが少なくない。

児童相談所の児童福祉司をしている山野良一氏は、次のように書いている(上野加代子編著『児童虐待のポリティクス――「こころ」の問題から「社会」の問題へ』明石書店、二〇〇六年。以下、引用は同書から)。

「僕は、児童虐待があるとされた家族と出会い、彼らのこれまでの生活史を聞く度に、経済的なことを主とした生活上

者の所得階層状況

総計	被虐待率（%）
814	0.4
763	2.6
787	1.9
757	12.2
733	10.0
756	17.6
846	14.5
822	28.0
659	36.3
854	45.5
840	52.8
835	54.9

表1　神奈川県における児童養護施設・乳児院入所児童の扶養義務および新規入所児童のうちの被虐待を主訴とする児童の割合

年度	生活保護	市町村民税非課税	所得税非課税	所得税課税
1980	98(12.0)	424(52.1)	96(11.8)	196(24.1)
1985	97(12.7)	467(61.2)	33 (4.3)	166(21.8)
1990	58 (7.4)	508(64.5)	32 (4.1)	189(24.0)
1995	84(11.1)	462(61.0)	31 (4.1)	180(23.8)
1996	95(12.9)	459(62.6)	36 (4.9)	143(19.5)
1997	86(11.3)	483(63.9)	42 (5.6)	145(19.2)
1998	96(11.3)	554(65.4)	42 (5.0)	154(18.2)
1999	91(11.1)	559(68.0)	38 (4.6)	134(16.3)
2000	78(11.8)	445(67.5)	35 (5.3)	101(15.3)
2001	107(12.5)	595(69.6)	29 (3.4)	123(14.4)
2002	114(13.6)	589(70.1)	22 (2.6)	115(13.7)
2003	127(15.2)	586(70.2)	19 (2.3)	103(12.3)

出典：上野加代子編著『児童虐待のポリティクス』明石書店，2006年
出所：「神奈川県児童相談所事業概要」(各年度3月末現在)
注：実数は児童数，(　)内の単位は%

の苦労を経てきた家族が、あまりに多いことに気づかされてきた。彼らは本当に苦労しているのだ。語りきれない過去を背負いながら、現在もその苦労を継続しながら生きている」

二〇〇三年の子ども家庭総合研究事業「児童相談所が対応する虐待家族の特性分析――被虐待児および家族背景に関する考察」によれば、調査対象となった三都県一七児童相談所で実施された一時保護五一〇件(二〇〇二年度)の中、生活保護世帯・市町村民税非課税・所得税非課税の家庭は全体の四四・八%を占める(不明・無回答を除けば六五・五%)。また、神奈川県における児童養護施設・乳児院入

所児童の扶養義務者の所得階層状況を見ても、同世帯は二〇〇三年で八七・七％に上り、その比率は一九九〇年の七六・〇％と大きくは変わっていない（表1）。

児童虐待問題が社会的に認知されるようになった一九九〇年代末以降、全国の児童虐待相談件数は増え続け、二〇〇六年度には三万七三二三件に達した（一九九〇年は一一〇一件）。相談件数は実に三四倍の激増を示しているが、前述のデータを見るかぎり、その本質は変わっていない。リーロイ・H・ペルトン氏は、アメリカの児童虐待研究の蓄積を踏まえて、こう断言している。

「二〇年以上にわたる調査や研究を経ても、児童虐待やネグレクト（筆者注・育児放棄）が強く貧困や低収入に結びついているという事実を超える、児童虐待やネグレクトに関する真実はひとつもない」

雇用のネットで支えられずに「働いていれば食べていける」状態にもなっていないにもかかわらず、社会的なサポートが得られない。そのために家族内部にストレスが増幅し、誰も望まない結果をもたらす。

「どんな理由があろうと、児童虐待は許されない」というのは正論である。しかし本当に必要なことは、子どもの虐待をなくすことであって、親の治療や処罰はそれに必要なかぎりで行えばいい。ここにも、先に紹介した犯罪と同じ理屈が成り立つ。真剣に考えなければならないのは、「悪いことをしたから罰する」という短絡的な応報主義・厳罰主義ではなく、「被害をなくすために本当に必要なことは何か」ということのはずだ。

山野・ペルトン両氏は、「あの人たちは受けるに値しない」と親たちを福祉サービスから排除することによって、誰にとっても望ましくない結果を招いている事態を嘆く。子を奪われた親が傷つき、親と引き離された子が心に傷を負うだけではない。社会的なコストとしても、「生活保護で親子が生活する時(親子二人なら、大都市部である一級地の一の基準額で一八万円弱)以上の税金が、子ども一人のみの施設生活(大都市部では少なく見積もっても二〇万円弱)にかかってしまうという経済的な非効率さ」(山野)がある。

児童虐待を本気でなくそうとするならば、まっすぐに原因に向かわなければならない。それは「児童虐待やネグレクトを減らすためには、少なくとも貧困ラインの上まで家族の収入を増やす」(ペルトン)ことだ。

親と引き離される子／子と引き離される親

二〇〇七年九月一九日、〈もやい〉に以下の相談メールが来た(以下、句読点の箇所のみ修正して原文のママ)。

「インターネットで色々検索していてこちらのホームページに出会いました。今××県〇〇市で住む所が無く車で寝泊まりしています。夫婦なのですが、子供が一人います。子供は今児童福祉課のお世話で小学校に通っています。市役所等相談に行っていますが住む所がないので支援等難しいとの事です」

詳しい事情を聞きたいと返事をしたところ、翌日にはまた連絡があった。

「六月の末頃から八月の末迄仕事に行ってたのですが、体調を崩し退社せざるを得なくなり九月七日に退社しました。今求人誌等で、住み込みの仕事を探しています。派遣が多いですけれど、今日ハローワークに、求人情報を見に行こうと思っています。妻が派遣の仕事を、頑張ってくれて要るので助かっています。一日も早く、子供と一緒に暮らせる用《(ママ)》に、頑張りたいと思っています」

しかし、メールには次のような文章もあった。

「××県の児童福祉課の方と、〇〇市の児童課の方は、大変よくして下さるので有り難く思っています。〇〇市の福祉課の方は、寝泊まりしている車が稼動し、移動が可能なので福祉としては出来る事が無いとの事でした。自分で住所を定めてからでないと、何も出来ないとの事でした」

生活保護法は、住所不定状態の場合に、現在いる場所での生活保護申請を認めている(一九条一項二号)。したがって「自分で住所を定めてからでないと、何もできない」というのは、明らかな違法対応である。この夫婦は働いていたし、働こうとしていた。だとすれば、生活保護を適用して、十分な休息の取れない車中生活から解放し、就労活動を行える環境を整備するのが担当部署の仕事のはずである。それが子どものためでもあるだろう。

遠隔地で直接対応できなかったため、現地周辺で手伝ってくれる法律家を見つけた。九月二六日に生活保護申請。アパート探しに難航したものの、一〇月九日には以下のメールをもらうに至った。

「今日生活保護決定通知がでました。明日不動産屋さんに、決定通知を持って行き、保証協会に回して貰います。後一一月一日入居を目差《(ママ)》し頑張って行きます。仕事も派遣ですが、木曜日から始めます。今日から寮に入居しました。本当にありがとうございます。後少しで子供と暮らせる様になると思います。それだけを、楽しみに頑張って行きます」

夫婦を車中生活に放置すれば、いずれは心身が疲弊して働けなくなり、子どもも親と切り離されて施設で育つことになる。他方、早めに生活保護を適用して住居を確保すれば、仕事を見つけて再び働き、親子が一家として暮らすことが可能となる。どちらが子どもにとって、親にとって、行政にとって、社会にとって、望ましいものであり、かつ〝得〟なのか、考えるまでもなく明らかだろう。

残念ながら、このような事例は全国で数多く認められる。その最たる例が、三年連続で生活保護関連の餓死事件を起こした北九州市である。児童相談所と生活保護担当の経験をもつ元北九州市職員の藤藪貴治氏は、「多くの母子世帯が生活保護から排除され、生活困窮状態悪化の末に子どもが児童養護施設に預けられているのではないか」という疑問を強く感じていた、と述べている(藤藪貴治・尾藤廣喜『生活保護「ヤミの北九州方式」を糾す』あけび書房、二〇〇七年)。同市の生活保護受給世帯に占める母子世帯比率は、他の政令指定都市に比べて極端に低い(札幌市一五%、さいたま市一一・二%、千葉市七・四%に対して、北九州市一・八%)。藤藪氏は、「子どもを施設に預けて働きなさい」と言われ続けて一〇年間申請させてもらえなかった四〇歳の母親や、五年間申請妨害に遭い続けた三一歳の母親のケースに言及した上で、「母子世帯の排除は児童虐待を生み出す」と、やはり行政に放置された貧困と児童虐待とに密接な関連があることを指摘している。

社会保障の不在が家族内部のストレス・矛盾を高め、それがもたらした結果に対して公的機関がさらに誤った対応を行い、問題を取り返しのつかないところまで追いやってしまう。その悪循環を見ることなく、親たちの個人的な問題として片づけ、親子を不必要に引き離しているのだとしたら、社会の罪はあまりにも重い。

貧困の世代間連鎖

この問題は、必然的に貧困の世代間連鎖に結びついていく。

大阪府堺市健康福祉局理事の道中隆氏の調査によれば、生活保護受給者(世帯主)が育った家庭も生活保護を受けていたという世帯は、三九〇世帯中九八世帯(二五・一%)に上っている。そのうち母子世帯については、一〇六世帯中四三世帯(四〇・六%)が二世代続けて生活保護を受けていた。親が生活保護を受けていたら、自分も生活保護世帯になる、という貧困の世代間連鎖が確認された。道中氏は「経済的に困難な家庭に生まれる子どもは、豊かな家庭で成長した子どもと同等の機会や発達条件、将来の可能性から排除される危険の高い生育環境にあることが、この調査結果において数量的に実証された」と述べる(「保護受給層の実態調査から見えてくる貧困の様相――保護受給世帯における貧困の固定化と世代間連鎖」生活経済政策研究所『生活経済政策』二〇〇七年八月号)。

「貧困の連鎖」は、ごく最近になって報道されるようになったが、以前から貧困の世代間連鎖は起こっており、そこには構造的な要因がある。「すべり台社会」の中で、現実に家族しか支えがなければ、支える余裕のない貧困家庭に生まれた子どもたちが貧困化するのは、理の当然だろう。

二〇〇六年に〈もやい〉へ相談に訪れた二一歳の男性は、父親が大阪で路上生活をしており、自分自身は児童養護施設で育ったが、施設を出た後に自分も路上生活者になった「ホームレス第二世代」だった。また、さいたま市のネットカフェで七年間暮らしていた日雇い派遣で働く三四歳の男性は、母子家庭の育ちだったが、母親は彼が高校一年生のときに家に帰らなくなり、それ以来一人で生きてきた。第一章で紹介した新田久さんは、すでに述べたように小学校三年生のときに父親を、小学校六年生のときに母親を失っていた。「ネットカフェ難民」調査でも、「困ったことや悩み事を相談できる人はいますか」という問いに対して「親」と答えたのは、わずか二・七%。「相談できる人はいない」が四二・二%だった。

生まれ育った家庭の貧困は、子どもの学歴にも影を落としている。

現在、大学卒業までの子育て費用は、一人当たり平均二三七〇万円かかるとされている。GDP（国内総生産）に占める公財政支出の学校教育費は三・五%と、OECD三〇ヵ国中二九位であり、それが国立大学標準で年間五三万五八〇〇円(二〇〇六年)という世界一高い学費をもたらしている。年収に対する在学費用の割合は、年収二〇〇万〜四〇〇万円の世帯で五七・三%に達する(日本高等学校教職員組合パンフレット「就学と進路を保障し高校生・青年の未来をひらく」二〇〇六年一一月。図11)。

公立高校に通うにも学習費総額(授業料・通学費・学習塾費等)で年平均五二万円が必要で、年収四〇〇万円未満の低所得者層でも年間四三・四万円を支出している(文部科学省「平成一八年度子どもの学習費調査」)。授業料減免率は全日制で八・六%(二〇万人)に上る。小中学校に通う子どもを持つ低所得世帯に対して支給される就学援助も、全児童の一二・八%、一三三万七〇〇〇人(二〇〇四年度)に及んでおり、しかもそれで学校関係費のすべてがまかなえるわけではない。生

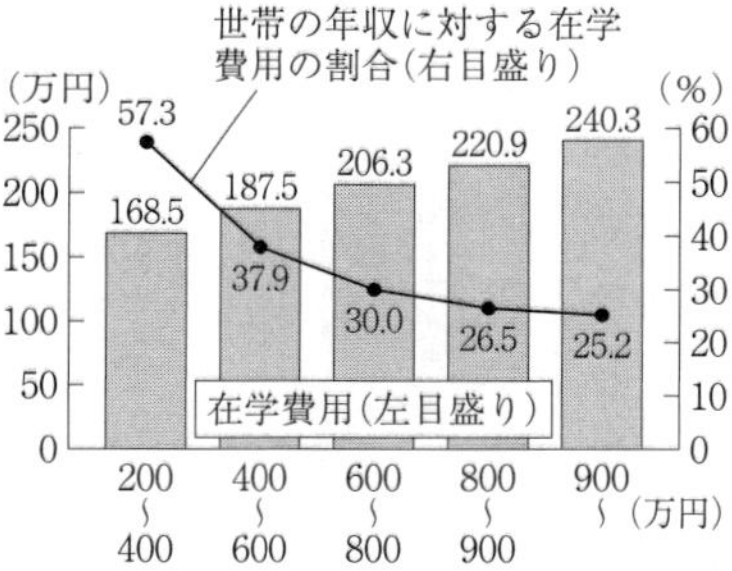

出典：日本高等学校教職員組合パンフレット「就学と進路を保障し高校生・青年の未来をひらく」(2006年11月)
出所：『月刊学習』(2006年10月)
注：小学校以上に在学中の子ども全員にかかる在学費用と，その年収に対する割合，国民生活金融公庫総合研究所「家計における教育費負担の実態調査」

図11　年収階級別にみた世帯の在学費用と世帯の年収に対する在学費用の割合(2005年度)

活保護世帯に対して高等学校等就学費が出るようになったのは二〇〇五年度からである。社会全体の高校進学率は九七・七％(二〇〇七年度)に達しているにもかかわらず、生活保護世帯では約七〇％に止まっていた。

道中氏の調査においても、生活保護の世帯主の学歴で、中学卒か高校中退が三九〇世帯中二八三世帯(七二・六％)を占めた。「ネットカフェ難民」調査でも、中学卒が一九・二％、高校中退が二一・四％に達している。厚生労働省「ホームレスの実態に関する全国調査」(二〇〇七年四月)によれば、路上で暮らす野宿者のうち、中卒者は五五・五％に上る。日教組のアンケート調査でも、家庭の経済力の差が子どもの学力に影響していると感じている教職員が、八三％に達している(琉球新報二〇〇八年二月五日付)。私は一九八九、九〇年の二年間、都内の児童養護施設で学習ボランティアに携わっていたことがあった。そのとき、普通高校に進学できる中学生は「五年間に一人」と言われていた。

つまり、日本は「お金がなければ高い教育を受けられない」「親が稼いでくれなければ、子どもが努力しても学歴がつかない」社会である。貧困家庭の子どもは、低学歴で社会に出て、スタートラインからセーフティネットに空いた穴の淵で、崖っぷちの生活を送ることになる。そして、そうした低学歴者に不利益が集中し、そのまま次世代に引き継がれてしまっている。

第三章　貧困は自己責任なのか

1　五重の排除

五重の排除とは

第二章で見たように、多くの人たちが、年齢や性別、そして世代を超えて「すべり台」を落ち、貧困状態に陥っている。図１（二〇頁参照）は、その一端を俯瞰《ふかん》したものだった。しかし実際には、生身の人間が社会全体を俯瞰する位置に立つことはできない。人々は、それぞれのネットの上で暮らしており、また一部の人たちは、現実にその穴を落下していく。

政治家でも官僚でも評論家でもなく、落下する人たちと日々接している私たちは、その人たちの視線で物事を捉え直す必要があるし、そこからしか見えてこないものがある。貧困状態に陥る人々の視線で社会を見るとき、「穴を落ちる」というのは、それぞれのセーフティネットからの排除を意味する。正社員になりたいのに面接で何度も落とされる、登録しているのに仕事を回してもらえない、生活保護の申請に行っても追い返されるというのは、当の本人たちの経験としては、はじき出される(排除される)ことに他ならないからだ。

これまで述べてきたことを踏まえて、私は貧困状態に至る背景には「五重の排除」がある、と考えている。

第一に、教育課程からの排除。この背後にはすでに親世代の貧困がある。

第二に、企業福祉からの排除。雇用のネットからはじき出されること、あるいは雇用のネットの上にいるはずなのに(働いているのに)食べていけなくなっている状態を指す。非正規雇用が典型だが、それは単に低賃金で不安定雇用というだけではない。雇用保険・社会保険に入れてもらえず、失業時の立場も併せて不安定になる。かつての正社員が享受できていたさまざまな福利厚生(廉価な社員寮・住宅手当・住宅ローン等々)からも排除され、さらには労働組合にも入れず、組合共済などからも排除される。その総体を指す。

第三に、家族福祉からの排除。親や子どもに頼れないこと。頼れる親を持たないこと。

第四に、公的福祉からの排除。若い人たちには「まだ働ける」「親に養ってもらえ」、年老いた人たちには「子どもに養ってもらえ」、母子家庭には「別れた夫から養育費をもらえ」「子どもを施設に預けて働け」、ホームレスには「住所がないと保護できない」——その人が本当に生きていけるかどうかに関係なく、追い返す技法ばかりが洗練されてしまっている生活保護行政の現状がある。

そして第五に、自分自身からの排除。何のために生き抜くのか、それに何の意味があるのか、何のために働くのか、そこにどんな意義があるのか。そうした「あたりまえ」のことが見えなくなってしまう状態を指す。第一から第四の排除を受け、しかもそれが自己責任論によって「あなたのせい」と片づけられ、さらには本人自身がそれを内面化して「自分のせい」と捉えてしまう場合、人は自分の尊厳を守れずに、自分を大切に思えない状態にまで追い込まれる。ある相談者が言っていた。「死ねないから生きているにすぎない」と。周囲からの排除を受け続け、外堀を埋め尽くされた状態に続くのは、「世の中とは、誰も何もしてくれないものなのだ」「生きていても、どうせいいことは何一つない」という心理状態である。

期待や願望、それに向けた努力を挫かれ、どこにも誰にも受け入れられない経験を繰り返していれば、自分の腑甲斐《ふがい》なさと社会への憤怒が自らのうちに沈殿し、やがては暴発する。精神状態の破綻を避けようとすれば、その感情をコントロールしなければならず、そのためには周囲(社会)と折り合いをつけなければならない。しかし社会は自分を受け入れようとしないのだから、その折り合いのつけ方は一方的なものとなる。その結果が自殺であり、また何もかもを諦めた生を生きることだ。生きることと希望・願望は本来両立すべきなのに、両者が対立し、希望・願望を破棄することでようやく生きることが可能となるような状態。これを私は「自分自身からの排除」と名づけた。

セーフティネットの欠如を俯瞰する視点から、排除され落下していく当事者の視点へと切り替えるとき、もっとも顕著に見えてくる違いが、この「自分自身からの排除」という問題である。先の図1は、あくまで「外」からの視点であり、それをどれだけ矯《た》めつ眇《すが》めつしてみても、「自分自身からの排除」という観点は出てこない。世の中が大変なことになっている、セーフティネットが機能していない――こうした現状については理解できる人でも、「自分自身からの排除」については、なかなか想像が及ばない場合が多い。「そんなふうに考えなくてもいいじゃないか」と個人の問題をどうしても見出してしまい、「自分は絶対そうはならない」と言って切り捨ててしまう。貧困問題を理解する上で、一番厄介で、重要なポイントである(なお、以下の記述とは別の事例から「自分自身からの排除」を説明したものとして、仁平典宏・湯浅誠「若年ホームレス――「意欲の貧困」が提起する問い」本田由紀編著『若者の労働と生活世界――彼らはどんな現実を生きているか』大月書店、二〇〇七年がある)。

自分自身からの排除と自殺

「生活困窮者は、はよ死ねってことか」

福岡県北九州市小倉北区で、二〇〇七年七月一〇日に死後一ヵ月のミイラ化した遺体で発見された五二歳の男性は、自身の日記にそう書き残していた。「オニギリ食いたーい」という一文が最後となって他界した男性の事件は、社会に衝撃を与えた。男性は、肝硬変を患って働けなくなり、二〇〇六年一二月から生活保護を受給していたが、福祉事務所からの厳しい就労指導の末、二〇〇七年四月二日には保護を辞退する旨の辞退届を提出し、一〇日に廃止になっていた。その経緯については、男性自身が日記に「小倉北の職員、これで満足か。人を信じる事を知っているのか。三月、家で聞いた言葉、忘れんど。市民のために仕事せんか。法律はかざりか。書かされ、印まで押させ、自立指どう〔筆者注・指導〕したんか」と書いている（五月二五日）。そしてその前、期日不明ながら日記に書き残されていたのが、先の一文である。日記には「せっかく頑張ろうと思った矢先切りやがった。生活困窮者は、はよ死ねってことか」とあった。

「貧乏人は死ぬしかねえべ」

秋田県仙北市角館《かくのだて》町の仕立屋、鈴木勇治氏の発言も同様だった（NHKスペシャル取材班編

『ワーキングプア――日本を蝕む病』ポプラ社、二〇〇七年)。戦後一貫して仕立屋職人として働いてきた鈴木氏は、深刻な不況下にある田舎町のシャッター通りと化した商店街の中で、依然として仕立屋を開いていた。仕事はほとんどなく、二〇〇五年の年収は二〇万円だという。妻は認知症で入院していた。生活が苦しくなる一方で、医療負担は上がっていく。これ以上医療負担が上がったら、どうやって生活を維持していくのか。取材班のその問いに答えたのが先の一文だった。「生活保護を受けるしかねえって、いってもな。この家を手放すことはできねえ。俺は仕立屋だからな。家があれば生活保護が受けれねえって言うんだべよ。したら、仕方ねえ。貧乏人は死ぬしかねえべ」(ただし、自宅があったら生活保護を受けられないというのは、誤解である)。

誰かが彼らに「死ね」と言ったわけではないだろう。しかし、彼らが社会から受け取るメッセージはそれだった。働いても食べていけない、あるいは働けないという中で、それでも第二、第三のネット(社会保険・公的扶助)から排除される、あるいは負担増によってより一層生活が圧迫される、という状況に取り囲まれれば、そこから「死」のメッセージを受け取ることは、意外ではない。

日本社会で九年連続三万人超の自殺者が出ていることはよく知られているが(二〇〇六年で三万二一五五人)、遺書を残した一万四六六人の中で「経済・生活」を理由としている人が、二八・八％の三〇一〇人いることから、全体としても三割の約一万人が生活苦を理由とした自殺ではないかと推計されている。「はよ死ねってことか」と書き残して餓死した五二歳の男性、「貧乏人は死ぬしかねえべ」とつぶやいた鈴木氏と、実際に逝ってしまった一万人を分けるものはほとんどなく、両者は紙一重である。

「どんな理由があろうと、自殺はよくない」「生きていればそのうちいいことがある」と人は言う。しかし、「そのうちいいことがある」などとどうしても思えなくなったからこそ、人々は困難な自死を選択したのであり、そのことを考えなければ、たとえ何万回そのように唱えても無意味である。

「福祉が人を殺すとき」

似たような事例は、この一、二年だけでも、他にも数多く見出すことができる。

二〇〇六年六月八日には、生活保護を廃止された六八歳の男性が、打ち切った北九州市小倉北区福祉事務所で割腹自殺を試みた(朝日新聞西日本版一一月一一日付)。七月二四日には、秋田市で生活保護申請を二度続けて却下された三七歳の男性が、市役所前で練炭自殺した(毎日新聞七月二六日付)。一一月一五日には、函館市で四九歳の男性が首吊り自殺をした。福祉事務所に相談に行っても「若いのだから仕事を探しなさい」「病院に行って診断書をもらってきなさい」と追い返されていたのだと言う（しんぶん赤旗一一月二一日付）。二〇〇七年三月末には福岡県八女《やめ》市で六八歳の男性が焼身自殺。遺書には「市から生活保護が受けられなかった」という内容も記されていた（読売新聞四月八日付）。六月一〇日には、またもや北九州市小倉北区で六一歳の男性が首吊り自殺。周囲には、福祉事務所職員から「働かんものは死ね」と言われたと漏らしていた（小倉タイムス九月一日付）。

二〇〇七年七月二三日には、〈もやい〉にメールが来た。あるブログの管理者からで、自分のブログに次のような書き込みがあったが、「あまりにも深刻すぎて、どのように対応すれば良いのかが分かりません」ということだった。

転送されてきたメールの差出人は、九歳の男の子を持つ北九州市の四八歳の母親だった（以下、句読点の箇所のみ修正して原文のママ）。

「三かいほど市役所の保護課に行きました。初めて行った時に親族やら諸々きかれて、親兄弟に見てもらいなさいで、個室から職員が出て行き、黄緑色の紙〔筆者注・生活保護のしおり〕を持って来て又戻ってくるのかな？と思ってましたが、そのまま戻ってきませんでした。三〇分位待ちましたが帰って来ませんでした。二度めに行った時には又違う若い男で、保険証がないから病院に行けないと言ってすぐに国民保険に行かされました。三度めは市議の方に付いて行ってもらって、ガスが止まった書類と電気がその日に止まるし二、三日後に水道が止まる書類も持って行ったのですが見てももらえず、仕事を探しなさいで終わりました。毎日眠れず、考えてたら逃げ道は死にたいと思うばかりで、今病院の先生からうつ病の薬と睡眠薬を貰ってます。考え込むと涙が止まらず、マイナスばかり考えて。子供に熱い風呂に入らせたいです。家賃も滞納していて出て行ってくれと言われてます」

メールを転送した人に本人の住所と連絡先を問い合わせるとともに、北九州市で対応してくれる人を探した。現地の高木佳世子弁護士と濱田なぎさ司法書士がその日のうちに対応してくれて、母子は生活保護の申請ができた。

彼女は、後日新聞で「私がいなくなれば、この子だけなら保護してもらえる」と自殺の決意を固めていたことを明らかにしている(朝日新聞西日本版二〇〇七年一〇月五日付)。

大量の自殺の背後には、一部ではあれ確実に、「自分自身からの排除」がある。そしてそれは、四つの排除を受けた結果として生まれている。すでに述べた犯罪や児童虐待にも共通することだが、自殺もまた貧困問題と密接に結びついている。そこで求められていることもまた「貧困ラインの上まで家族の収入を増やすこと」(ペルトン前掲書)だろう。

二〇〇六年一〇月二八日、八年連続の自殺者三万人超という異常事態を受けて、政府は「自殺対策基本法」を施行した。この法律に基づいて、二〇〇七年六月八日には「自殺総合対策大綱」を閣議決定もした。しかし、この「基本法」には、一万人に達すると言われる「経済・生活」を理由とする自殺者への対策が明記されていない。「大綱」には「問題を抱えた人に対する相談・支援体制の整備・充実を図るとともに、相談機関の存在を知らないため十分な社会的支援が受けられないことがないよう関係機関の幅広い連携により相談窓口等を周知するための取組を強化する必要がある」と書いてはある。しかし、本人の生活保障および最後のセーフティネットで命綱を握っている福祉事務所職員の役割には言及されていない。

そうした中、全国の多重債務者の自助グループで作る全国クレジット・サラ金被害者連絡協議会は、「自殺の名所」と言われる富士山麓の青木ヶ原樹海に借金苦による自殺防止の看板を設置し、借金解決や生活保護申請による生活再建をサポートしている。二〇〇七年一月二〇日に開設した自殺防止相談電話には、約一年間で三三二六人が電話を寄せ、青木ヶ原樹海から看板を見て電話してきた人も三〇人を超える。行政施策が届かない中、本当に必要なところを有志の人々が手弁当でフォローしているのが実情だ。

寺久保光良氏が『福祉が人を殺すとき——ルポルタージュ・飽食時代の餓死』（あけび書房、

一九八八年）を書いてからすでに二〇年。依然として日本は「この事件を通じて何らかの変化があるものと思う」（前掲京都地裁判決）と、過去の実績ではなく、将来への期待を叫び続けなければならない状態にある。

2　自己責任論批判

奥谷禮子発言

死まで追い込まれることを、自己責任だと言い続ける人もいる。人材派遣会社ザ・アールの社長・奥谷禮子氏は、雑誌『週刊 東洋経済』のインタビューに次のように答えていた（風間直樹『雇用融解——これが新しい「日本型雇用」なのか』東洋経済新報社、二〇〇七年）。

奥谷「経営者は、過労死するまで働けなんて誰も言いませんからね。ある部分、過労死を含めて、これも自己管理だと私は思います」

風間「過労死を含めての自己管理ということですか」

奥谷「そう。自分の健康状態はどうなのか。ボクシングの選手と一緒ですよ」

（中略）

風間「ただ、過労死は前提として増えていますよね」

奥谷「基本的に、個人的に弱い人が増えてきている。弱い人が増えています。まさに自己管理の問題。自分で辛ければ辛い、休みたいと、ちゃんと自己主張すればいいんだけれども、そういったことは言っちゃいけないんだ、そういったことは言えないものだというような変な自己規制を働かせてしまう。周りに言ってもらわなければ休みも取れないみたいな。自分が休みたければ、大変だったら休めばいいわけですよ。人にすべて任せて、結果、会社が悪い、上司が悪い、何が悪いと他人のせいにしてしまう。

今の風潮は全部そうですよ。シュレッダーで子どもがけがをした。みんな社会が悪い、企業が悪い、でしょう。小さな子どもがうろうろするのは当たり前のことであって、それをきちっと管理するのは親の責任です」

（中略）

風間「いわゆる格差論議に関しては」

奥谷「下流社会だの何だの、言葉遊びですよ。社会が甘やかしている。自分が努力するとか、自分がチャレンジするとか、自分が失敗するとかいうことを、そういった言葉でごまかしてしまっている。そうした風潮に関しては懸念を抱いている。そう言って甘やかす社会を作るのかということです」

奥谷氏は当時、「残業代ゼロ法案」と批判されたホワイトカラー・エグゼンプション導入の是非を議論していた労働政策審議会の労働条件分科会委員（使用者側委員）だった。この発言は、企業の責任者が多発する「過労死」という社会問題をどう考えているのか、ホワイトカラー・エグゼンプションがどのような発想から導入されようとしているのか、その基本的態度を経営者側が自ら赤裸々に吐露した発言として物議を醸《かも》した。

この発言は国会の予算委員会でも取り上げられ、指摘した民主党・川内博史議員に対して、当時の柳沢伯夫厚生労働大臣が「そこで述べられていること、記されていることについておまえどう思うかといえば、それはもう全く私どもの考え方ではございません」と答える一幕もあった（衆議院予算委員会議事録二〇〇七年二月七日）。

自己責任論の前提

奥谷氏の発言は「労働者に死ねというのか」「実態が分かっていない」と多くの批判を浴び、

ネットの掲示板は「炎上」した(楽天ニュース二〇〇七年一月一六日付)。しかしここで改めて考えてみたいのは、なぜ多くの人がその発言を「ひどい」と感じたのか、というその感じ方・考え方である。なぜなら、氏が開陳した理屈それ自体は、すべての自己責任論に共通する典型的なものだったからだ。奥谷発言に異議を唱えるなら、世の中に自己責任論は蔓延《まんえん》しないはずだ。しかし実際には、世の中に自己責任論が蔓延しつつ、かつ奥谷発言には異議申立てが相次いだ。なぜなのか。

奥谷氏の発言は、次のように展開されていた。①社員には(休むという)選択肢があった、②社員は、あえてそれを選択しなかった(休まなかった)、③本人が弱く、(ボクサーのような)自己管理ができていないからだ、④それは本人の責任である、⑤社会や企業・上司(もちろん経営者を含む)の責任を問うのは御門違いであり、社会が甘やかしているだけだ。

彼女自身がシュレッダーの問題に応用してみせているように、この理屈にはあらゆる自己責任論に共通する要素がそろっている。

たとえば、フリーターについての自己責任論は、①フリーターには、ちゃんとした正社員になるという選択肢があった、②フリーターは、あえてそれを選択しなかった、③本人が弱くてだらしなくて、きちんとした将来設計(自己管理)ができてないからだ、④それは本人の責任である、⑤給料が安いとか雇用が不安定だとか不満を言うのは御門違いであり、社会が甘やかしているからそうなる、と展開する。

また、「ネットカフェ難民」についての自己責任論は、①ネットカフェで暮らすようになる前に、他にアパートを維持する選択肢があったはずだ(もっと安定した仕事に就く、親に頼るなど)、②「ネットカフェ難民」は、あえてそれを選択しなかった、③本人が弱くていい加減で、安易に「泊まれるから」と流れていった(自己管理ができていない)からだ、④それは本人の責任である、⑤お金が貯まらない、生活が大変だと不満を言うのは御門違いであり、社会が甘やかしているからだ、と展開する。

犯罪、児童虐待、自殺、そして生活保護受給者すべてに対して、これと同じ理屈で自己責任論を展開することが可能だし、実際に展開されてもいる。

ではなぜ、奥谷発言だけが非難されたのか。理由は、労働者が「休む」という選択肢を取るのは簡単ではないのに、誰でもいつでも休めたかのように言い繕い、過労死という死の責任を被用者に押し付け、使用者の自己責任を棚上げしていることに気づいたからだろう。そして「簡単には休めない」ことを多くの被用者は、自らの経験として知っていたからだ。

つまり、すべての自己責任論の前提である①と②、「他の選択肢があって、それを選べたはずなのにあえて選ばなかった」という部分が、この場合には成り立たない、基本的な前提を欠いている、と多くの人たちが知っていたからこそ、にもかかわらず自己責任を展開した奥谷氏に対して「ひどい」という感情が湧き上がってきたのだ。

実は、貧困状態にまで追い込まれた人に自己責任論を展開するのは、奥谷氏が過労死した人に自己責任を押し付けたのと同じである。なぜなら貧困とは、選択肢が奪われていき、自由な選択ができなくなる状態だからだ。

センの貧困論

ノーベル経済学賞を受賞したアマルティア・センという学者がいる。彼は、新しい貧困論を生み出したことで知られている。彼の貧困論は、選択できる自由の問題と深く関わっている。

センは「貧困はたんに所得の低さというよりも、基本的な潜在能力が奪われた状態と見られなければならない」と主張する(『自由と経済開発』石塚雅彦訳、日本経済新聞社、二〇〇〇年)。それは「所得の低さ以外にも潜在能力に——したがって真の貧困に——影響を与えるものがある(所得は潜在能力を生み出す唯一の手段ではない)」(同上)からだ。また「貧困とは受け入れ可能な最低限の水準に達するのに必要な基本的な潜在能力が欠如した状態として見るべきである」(『不平等の再検討――潜在能力と自由』池本幸生他訳、岩波書店、一九九九年)とも述べている(以下、この二著から引用する)。

潜在能力(capability)とはセン独自の概念である。それは「十分に栄養をとる」「衣料や住居が満たされている」という生活状態(これをセンは「機能」と言う)に達するための個人的・社会的自由を指している。

たとえばセンは、次のように言う。

「腎臓障害で透析を必要とする人は、所得こそ高いかもしれないが、それを機能に変換する際の困難を考慮すれば、この人の経済手段(つまり、所得)は依然として不足していると言える。貧困を所得だけで定義するのであれば、所得からどのような機能を実現できるかという潜在能力を抜きにして、所得だけで見るのでは不十分である。貧困に陥らないために十分な所得とは、個人の身体的な特徴や社会環境によって異なるのである」

腎臓障害を抱えて透析治療が必要な人Aは、その障害を持たない人Bと同じ暮らしをしようとすれば(同じ「機能」を達成しようとすれば)、そのハンディキャップのために、Bよりも多くの所得を必要とする。それゆえ、AはBより高い所得を得ているのに、Aのほうが不自由な暮らしを強いられる、という場合がある。この不自由さを、センは「潜在能力の欠如」と表現する。

こうも述べている。

「潜在能力の欠如は、世界におけるもっとも富裕な国々においても驚くほど広く見られる。(中略)たいそう繁栄したニューヨーク市のハーレム地区の人が四〇歳以上まで生きる可能性は、バングラディッシュの男性よりも低い。これは、ハーレムの住人の所得がバングラディッシュ人の平均的な所得よりも低いからではない。この現象は、保健サービスに関する諸問題、行き届かない医療、都市犯罪の蔓延など、ハーレムに住む人々の基礎的な潜在能力に影響を与えているその他の要因と深く関連している」

ニューヨークのハーレム地区住人の所得がバングラディッシュ人の平均所得を上回っていることは、日本のホームレスの人たちの所得がアフリカの最貧国の平均所得を上回っていることと同様に、疑いの余地がない。国連が「絶対的貧困」だという一日一ドル以上の所得を得ているホームレスの人は、少なからずいるだろう。しかしそれは、貧困ではない、ということを意味しない。なぜなら、そこには生活上の望ましい状態(機能)を達成する自由(潜在能力)が欠けているからだ。

たとえ、より所得の少ない人に比べれば、いくらか多い所得を得ていたとしても、その所得によって望ましい状態を得られる方途(選択の自由)を持っていなければ、その人の潜在能力は奪われた状態にある。医師のいない離島でいくらお金を持っていたとしても、満足に医療にかかることができなければ、その人はすぐに医療にかかれる環境に暮らす人たちよりも「満足な医療にかかることができる」という「機能」から遠い。それは、お金がなくて国民健康保険料を長く滞納した結果、資格証を発行されて事実上医療機会を奪われてしまった人たちと同じである。医療にかかるという選択肢が奪われている、という点で、両者はともに基本的な潜在能力を奪われた状態にある、と言える。それが「貧困」だ、とセンは言う。

「潜在能力の欠如」(自由に選択できないという不自由)は、個人的な要因であると同時に、社会的・環境的な要因でもある。ニューヨークのハーレム地区でたまたま七〇歳や八〇歳まで生きる人がいるからといって、「他の人たちには努力が足りない」と、平均寿命の短さを早く死んでしまう人たちの自己責任で裁断することは妥当ではない。必要なのは、その地域や個人の諸条件を改善して、長寿を可能にする環境を整えることだ。

それゆえ「開発／発達(development)」とは、単に所得を上げるだけでなく、望ましいさまざまな生活状態(機能)に近づくための自由度(潜在能力)を上げていくことだ、とセンは言う。「開発／発達とは、人々が享受するさまざまの本質的自由を増大させるプロセスである」「開発／

発達の目的は不自由の主要な原因を取り除くことだ。貧困と圧政、経済的機会の乏しさと制度に由来する社会的窮乏、公的な施設の欠如、抑圧的国家の不寛容あるいは過剰行為などである」と。

〝溜め〟とは何か

私自身は、ホームレス状態にある人たちや生活困窮状態にある人たちの相談を受け、一緒に活動する経験の中で、センの「潜在能力」に相当する概念を〝溜《た》め〟という言葉で語ってきた。

〝溜め〟とは、溜池の「溜め」である。大きな溜池を持っている地域は、多少雨が少なくても慌てることがない。その水は田畑を潤し、作物を育てることができる。逆に溜池が小さければ、少々日照りが続くだけで田畑が干上がり、深刻なダメージを受ける。このように〝溜め〟は、外界からの衝撃を吸収してくれるクッション(緩衝材)の役割を果たすとともに、そこからエネルギーを汲み出す諸力の源泉となる。

〝溜め〟の機能は、さまざまなものに備わっている。たとえば、お金だ。十分なお金(貯金)をもっている人は、たとえ失業しても、その日から食べるに困ることはない。当面の間そのお金を使って生活できるし、同時に求職活動費用ともなる。落ち着いて、積極的に次の仕事を探すことができる。このとき貯金は〝溜め〟の機能を持っている、と言える。

しかし、わざわざ抽象的な概念を使うのは、それが金銭に限定されないからだ。有形・無形のさまざまなものが〝溜め〟の機能を有している。頼れる家族・親族・友人がいるというのは、人間関係の〝溜め〟である。また、自分に自信がある、何かをできると思える、自分を大切にできるというのは、精神的な〝溜め〟である。

あるときこの〝溜め〟の話をしていたら、取材していた外資系通信社の記者が「自分にも〝溜め〟があったんだな」と言い出した。聞けば、前の会社でリストラに遭って三年間失業状態だったと言う。フリーライターとして仕事をしていたが、収入は非常に少なかった。しかし、ある友人が今の会社を紹介してくれて、なんとかまたこうやって取材ができている。自分の場合は、三年間失業していられるだけの金銭的な〝溜め〟があり、また仕事を紹介してくれる友人という人間関係の〝溜め〟があったから、また好きなジャーナリズムの世界で仕事をしていられる、と。

また、あるとき講演後の休憩時間に一服していたら、聴講者の一人が寄ってきて「自分の兄も大変なことになりましてね」と話し出した。聞けば、ヤミ金に手を出してしまって一家離散の憂き目に遭い、もう今どこで何をしているのかわからないと言う。取立て屋たちは「息子の不始末の尻拭いをするのは親の役目だ」と八〇歳になる母親を攻め始めたが、自分が知り合いの法律家に頼んで間に入ってもらい、親にまで被害が広がるのはなんとか防げた、と話していた。このとき、その母親にとって法律家を紹介してくれる彼のような息子がいたことは、重要な人間関係の〝溜め〟である。

フリーターや主婦パートで仕事が不安定であっても、親や配偶者と同居していれば、すぐに生活には困らない。親が膨大な教育費をかけてくれれば、大学にも通える。このとき、本人はそれぞれの〝溜め〟を持っていることになる。

逆に言えば、貧困とは、このようなもろもろの〝溜め〟が総合的に失われ、奪われている状態である。金銭的な〝溜め〟を持たない人は、同じ失業というトラブルに見舞われた場合でも、深刻度が全然違ってくる。ただちに生活に窮し、食べる物に事欠くために、すぐに働くところを見つけなければならない。職種や雇用条件を選んでいる暇はない。窮乏度がひどくなれば、月給の仕事を選ぶか、日払いの仕事を選ぶかという選択肢は、事実上存在しなくなる。月給仕事を選ぶためには、最初の給料が入る一ヵ月または二ヵ月後まで生活できるだけの〝溜め〟(貯金、あるいは親元に住んでいて衣食住に事欠かないなど)が必要になるからだ。

三層(雇用・社会保険・公的扶助)のセーフティネットに支えられて生活が安定しているとき、

あるいは自らの生活は不安定でも家族のセーフティネットに支えられているとき、その人たちには〝溜め〟がある。逆に、それらから排除されていけば、〝溜め〟は失われ、最後の砦である自信や自尊心をも失うに至る。〝溜め〟を失う過程は、さまざまな可能性から排除され、選択肢を失っていく過程でもある。

二〇〇六年に相談に来た四七歳の男性は、テキ屋をやっていた父親の都合で小中学校を一五回転校し、中卒で働き始めていた。印象的だったのは、中卒後の三〇年間でさまざまな仕事に就いてきたが、就職活動時の最優先条件は「ずっと寮とまかないが付いていることだった」と言っていたことだ。身一つで社会に出てきた彼にとって、職種や雇用条件(時給、雇用保険・社会保険の有無、有給休暇の有無など)は、就職先を選ぶ際の現実的な条件にはならなかった。学歴も技能も援助してくれる家族も、寝る場所も食べる物も、すべての基本的な〝溜め〟を欠いていた彼には、寮とまかない付きを探す以外の選択肢がなかった。それゆえに、低賃金で昇給も昇格もない劣悪な諸条件の職場を長く転々とし、いつまでも選択肢のない状態を脱することができずにきた。

格差と貧困の本場、アメリカ合衆国で『ワーキング・プア――アメリカの下層社会』(森岡孝二他訳、岩波書店、二〇〇七年)を書いたデイヴィッド・K・シプラーは、貧困状態で生きていくことは「ヘルメットもパッドも着けず、練習もせず、経験もないまま、体重一〇〇ポンド〔訳注・約四五キロ〕のひ弱なアメフト選手たちの戦列の後方で、クオーターバックをやろうとするようなものである」と述べている。その無防備さ、そして自分めがけて押し寄せてくる敵陣の熊のような巨漢たちから事実上逃げ回る以外にないという選択肢のなさは、私の言う〝溜め〟のない状態を語ったものに他ならない。

貧困は自己責任ではない

以上のように貧困状態を理解すると、それがいかに自己責任論と相容れないものであるかがわかるだろう。先に奥谷発言に触れたように、自己責任論とは「他の選択肢を等しく選べたはず」という前提で成り立つ議論である。他方、貧困とは「他の選択肢を等しくは選べない」、その意味で「基本的な潜在能力を欠如させた」状態(セン)、あるいは総合的に〝溜め〟を奪われた／失った状態である。よって両者は相容れない。

貧困状態にある人たちに自己責任を押し付けるのは、溜池のない地域で日照りが続く中、立派に作物を育ててみせろと要求するようなものだろう。それは、日々の激務の中で疲れ果て、うつ状態になり、ついには過労死してしまった人に、プロボクサー並の健康管理をやってみせろと要求した奥谷氏と変わらない。

健全な社会とは、自己責任論の適用領域について、線引きできる社会のはずである。ここまでは自己責任かもしれないが、ここからは自己責任ではないだろうと正しく判断できるのが、健全な社会というものだろう。寝坊して会社に遅刻したことは自己責任論で片づけられるかもしれないが、子どもが夜急に熱を出して、朝まで救急病棟に張り付いていたのであれば、同じ遅刻でも事情は変わってくる。その意味で、奥谷発言に反発したのは、日本社会の健全さの表われだったと思う。

ただしそこには、多くの人たちが被用者として働いている社会の中で、自分の経験に照らして「ひどい」と判断できたから、という面があった。貧困問題に対して自己責任論が適用されてしまうのは、同じことの裏返しである。多くの人たちが自分の経験に照らして心当たりがないから、それはきっと自己責任なのだと即断してしまうのだろう。だから私は先に、自己責任論の濫用を防ぐ条件として「基本的な前提を欠いている」ことに加えて「(それを)多くの人たちが知っている」ことを挙げた。事実として自己責任論が成り立つための前提を欠いている、というだけでは足りない。それが多くの人たちに知られて初めて、自己責任論の濫用を防ぐ社会的な力となる。

そのためには、貧困の背景・実態を多くの人たちに知らせる必要がある。公的セーフティネットの機能不全ぶり、五重の排除という背景、〝溜め〟がないという状態、それらが広く伝わって初めて、貧困には自己責任だけでは片づけられない多様な要因のあることが社会的に共有される。

3 見えない〝溜め〟を見る

見えない貧困

貧困の実態を社会的に共有することは、しかし貧困問題にとって最も難しい。問題や実態がつかみにくいという「見えにくさ」こそが、貧困の最大の特徴だからだ。

貧困問題の研究者・岩田正美氏は言っている。「貧困の「再発見」をしつこくやったか、きれいさっぱり忘れたかは、社会全体の「豊かさ」とは、実は関係がないのである。しつこくやったか、忘れたかの違いは、「豊かさ」の中に潜む貧困を「再発見」しようとする「目」や「声」が社会にあったかどうかにかかっているのではないか」(『現代の貧困――ワーキングプア／ホームレス／生活保護』ちくま新書、二〇〇七年)。

同じく貧困問題の研究者である青木紀氏も、タイトルそのものを『現代日本の「見えない」貧困――生活保護受給母子世帯の現実』(編著、明石書店、二〇〇三年)と名づけた本の冒頭で、「貧困は、個人や家族の頑張りで克服されるものである、という神話はなおきわめて根強く、これが社会問題としてとらえられている(見えている)とはいいがたい」と、問題が望ましい形で取り上げられないことを「見えない」というキーワードで述べている。

日本だけではない。前述したシプラー『ワーキング・プア』の副題は、原語では文字通り「Invisible in America(アメリカの見えない者たち)」だった。ワーキング・プアの低賃金労働を体験した女性ジャーナリストが執筆した『ニッケル・アンド・ダイムド――アメリカ下流社会の現実』(バーバラ・エーレンライク、曽田和子訳、東洋経済新報社、二〇〇六年)も、その「見えなさ」を次のように強調していた。

「富める者と貧しい者が両極端に分化した不平等な私たちの社会は、いとも不思議な眼鏡を生み出し、経済的に上位にある者の目には、貧しい人々の姿はほとんど映らない仕組みになっている。貧困層のほうから富裕層を、たとえばテレビとか雑誌の表紙とかで、簡単に見ることができるのに、富裕層が貧困層を見ることはめったにない。たとえどこか公共の場所で見かけたとしても、自分が何を見ているのか自覚することはほとんどない」

「見えなさ」は、文字通り姿や顔が消される、という意味でもある。映画『ブレッド&ローズ』(ケン・ローチ監督、二〇〇〇年)では、ビル清掃人として働き始めた主人公マヤが、同僚のルーベンからエレベータードアの掃除の仕方を教わっているとき、高級オフィスビルで働くエリートたちが、会話を途切れさせることなく、しゃがんでいる彼らの頭の上をまたいでいくシーンがある。そのときルーベンは、ビル清掃人の「制服効果」は「透明人間になる」ことだと自嘲する。

まったく同じ経験は、エーレンライクと同じ体験取材をしたイギリスの女性ジャーナリスト、ポリー・トインビーのものでもあった。「ホワイトホールの通り〔筆者注・官庁街〕では乳母車を押して歩く女など別世界の住人で、数にも入らない。仲間と一緒に乳母車を押す中年の保育助手は、完璧な透明人間だった」(『ハード・ワーク――低賃金で働くということ』椋田直子訳、東洋経済新報社、一九九八年)。

単に見えないだけではない。貧困は積極的に隠されてもいる。オリンピックやサミットなどの国際イベントは、必ずその地域の野宿者の排除を伴う。学校給食費・保育料・医療費を支払えない人が出ると、多くの場合、本人が払おうとしないことが強調され、背後にある貧困問題は隠される。

姿が見えない、実態が見えない、そして問題が見えない。そのことが、自己責任論を許し、それゆえにより一層社会から貧困を見えにくくし、それがまた自己責任論を誘発する、という悪循環を生んでいる。貧困問題解決への第一歩は、貧困の姿・実態・問題を見えるようにし(可視化し)、この悪循環を断ち切ることに他ならない。本書の執筆動機もまた、それ以外にはない。

「今のままでいいんスよ」

貧困を見る、可視化するとは、同時に目に見えないその人の境遇や条件(〝溜め〟)を見る、見るように努力するということを、不可欠の要素として含んでいる。

「昔はみんな貧乏だった。それでも頑張ってきたんだ」「世間は厳しい。甘えるな」「おれだって大変なんだ。あんただけじゃない」——こうした言葉は、日常的に耳にする。そのとき人は概ね、いかに客観的な状況が大変だったとしても、本人の心がけ次第、頑張り次第で道は開ける/我慢できる、という神話を反復している。それは多くの場合、自分が頑張ってきたことを認めてもらいたい、という承認の欲求に根ざしているが、素直にそれを表現できない人たちは、しばしばそれを他者に対する叱責として表現する。

人情としては、仕方のない面もある。大学受験に合格した人が「それができたのは、高い教育費をかけてくれた親がいたからだ」と考えることは少ないだろう。やはり「自分が頑張って受験勉強に耐え抜いてきたからだ」と考えるし、考えたい。昔貧乏で今成功している人たちも、「それができたのは、家族や地域・友人の有形無形の援助があったからだ」と考えるよりは、やはり「貧乏でもこつこつと頑張っていれば、必ずいいことがある」と考えるし、考えたい。それは自然なことでもある。

困るのは、返す刀でそれが条件の異なる他者に向けられるときだ。「自分も頑張ってきたんだから、おまえも頑張れ」という言い方は、多くの場合、自分の想定する範囲での「客観的状況の大変さ」や「頑張り」に限定されている。そのとき、得てして自他の〝溜め〟の大きさの違いは見落とされる。それはときに抑圧となり、暴力となる。

先に少しだけ触れたネットカフェ暮らし七年間の三四歳の男性が相談に来たのは、二〇〇七年四月だった。彼は、自ら進んで相談に来たわけではなく、人に連れられてきた。最初の三〇分、彼はなかなかこちらの話に乗ってはくれなかった。何度となく「自分は今のままでいいんスよ」と繰り返していた。紹介した人がしつこく誘うものだから来ただけであり、自分は別に相談に乗ってもらいたいわけではない。自分は別に今のままでよく、何かして欲しいとは思っていない……というメッセージだった。

彼は高校中退で、日雇い派遣会社に勤めた。相談に来る少し前までは、月収一二万円ほどを稼いでいたが、登録している日雇い派遣会社がイベント設営専門の子会社を設立し、そこに転籍させられたことによって、月収は八万円まで減っていた。毎日ネットカフェに泊まり続けることができず、週の二、三日は夜通し歩いて始発の電車に乗り、終点までを二、三回往復して仮眠を取っていた。そんな生活では体もだるく、一日中頭がぼーっとしてしまうに違いなかった。

彼の場合も親に頼るという選択肢はなかった。彼は母子家庭の育ちだったが、高校一年生のときに母親が家に帰ってこなくなった。生活保護の相談に行くという選択肢は、連れてきた人から聞くまで考えたことはなかった。それまでの人生で、誰からもそんな選択肢があることを教わったことがないからだ。

自分の人生を考えてみれば、誰かが何とかしてくれるなどと思えなかっただろう。そんな世の中だったとしたら、どうして今まで自分にはそれが訪れなかったのか、説明できないからだ。つまり、誰も何もしてくれない世の中なのだ……そう結論づけているように見えた。その結果が「自分は今のままでいいんスよ」という言葉である。典型的な自分自身からの排除だった。

三四歳の健康な男性が、ネットカフェで暮らしていて、「今のままでいいんスよ」と言っている。これはしばしば人々の反発を買う。「現状に甘んじている」「向上心がない」「覇気がない」「根性がない」……このテーマであれば、人々はいくらでも饒舌になれるだろう。まさに自己責任論がもっとも得意とする場面である。

見えない〝溜め〟を見る

しかし「じゃあ勝手にすれば」と彼を突き放したところで、状況は何も変わらない。自己責任は、過去を問うばかりの後ろ向きの理屈である。その人の現在・未来に関わり、将来の展望を開くものではない。彼がそのままの生活を続けて、四〇歳になり五〇歳になって心身ともに疲弊しきり、事故や病気をきっかけにその後一生生活保護を受ける、あるいは罪を犯す、あるいは世をはかなんで自殺する、という結果がもたらされたとして、それは誰にとっても幸せで満足のいく結果ではない。

彼には「このままずっと今の生活を続けるつもりですか」と問うてみた。すると「それは嫌だな」と答えた。もう少し安定した仕事を見つけたいと言う。では、夜通し歩いて始発電車でようやく仮眠を取っている今のあなたに、ハローワークに通って面接に行って、しゃきしゃきとした受け答えをする体力が残っているか、と続けたら、彼はしばらく考えて「ないッスね」

果たした。

と答えた。そこから彼の気持ちは変わり、五月、同行して生活保護を申請し、アパート入居を

二ヵ月後、彼から連絡があった。警備の仕事を見つけたが、身元引受人がいないからなって

くれないか、と言う。「自分は今のままでいいんスよ」と言っていた彼が、ゆっくり眠れる環境と最低限の生活を確保することで、このように「前向き」に変わることができる(変化が急激すぎて、私は逆に揺り戻しを心配しているが)。この出来事は、一つのはっきりした事実を社会に示している。それは「がんばるためには、条件(〝溜め〟)が要る」という極めて単純な事実だ。

誰もが同じように「がんばれる」わけではない。「がんばる」ためには、それを可能にする条件がある。「自分は今のままでいいんスよ」という言葉が、現状への充足感を表現しているのか、それとも諦観《ていかん》や拒絶・不信感に基づくものなのか、それはその人の〝溜め〟を見ようとする努力の中で見極められなければならない。そして後者の場合、その言葉は何よりも〝溜め〟を回復するための条件整備を求めている。そのとき、〝溜め〟を増やすことなく、ただ御題目のように「がんばれ。誰だってそうしてきた。誰だって大変なんだ」と唱えても、状況を好転させることはできない。

すでに述べた犯罪や児童虐待、またしばしば「借りるのが悪い」と言われる多重債務問題も

基本的には同じだ。「借金でクビが回らなくなっている」と聞けば、誰もが「何やってるんだ」と自己責任論を発動させる。しかし、日本弁護士連合会の破産事件記録調査(二〇〇五年)が明らかにしているように、破産に帰結してしまった借入れの最大要因は「生活苦・低所得」であり(二四・四七%)、金銭的な〝溜め〟のなさが背景になっている(月収分布では五万円未満が三三%、二〇万円未満が七九%に達する)。サラ金から借りなくても生活がちゃんと成り立つなら、サラ金になど手を出さない。

貧困状態は、さまざまな望ましくない結果をもたらす。多くの人たちとまったく同じように、本人たちもまた、できることならそんな選択肢は避けたいと思っている。しかし、それを可能にする条件(〝溜め〟)がないために(貯金がない、銀行もローンを組んでくれない、借りられる家族・友人がいない)、不利とわかっていても他方を選ばざるを得ない。そこに、選択肢を奪われた〝溜め〟のない状態が示されている。

〝溜め〟を見ようとしない人たち

特に、種々の政策立案を行う議員や行政、それに広い意味での援助職に属する人たち(学校教員、ケースワーカー、ソーシャル・ワーカー、ケアマネージャーなど)には、〝溜め〟を見る努力が求められる。

教室に並ぶ子どもたちは、それぞれの家庭の事情を背負って学校に来ている。一人一人の〝溜め〟の大きさは違う。その違いを無視して、「みんないい成績を取って、いい大学に入って、いい就職ができるようにがんばりなさい」と言ったところで、同じ効果は期待できない。

二〇〇七年五月、三一歳の男性の生活保護申請に同行したら、対応した福祉事務所職員が「私にも同じ年齢の子どもがいるけど、うちの子は働いているわよ」と言った。その職員には「うちの子」と生活保護の申請をしなければならないほどに追い詰められたその男性との〝溜め〟の違いがまったく見えていなかったし、見ようともしていなかった。三一歳の男性たるもの、すべからく働いていなければならない／働けるはずだ、という現実的諸条件を無視した偽の平等論が、今現在働ける状態にない人たちをますます精神的に追い詰め、働ける状態からますます遠ざけている。

政府の「再チャレンジ」政策も基本的には同じ発想である。「再チャレンジ」政策は、当時の安倍政権下、若年層や母子家庭など不利な条件にある人たちの機会の平等を確保するために、と鳴り物入りで始まった。二〇〇六年一二月二六日に発表された政府の「再チャレンジ支援総合プラン」には、五〇〇項目以上の再チャレンジ政策が並べられ、予算は一七二〇億円（二〇〇七年度)に達したが、その冒頭一頁目には「達成すべきもの自体を直接付与するような施策も考えられるが、再チャレンジ支援策としては位置づけないこととする」と書いてあった。直接給付による生活保障はしない、という宣言である。生活保障なしで再チャレンジ支援を利用できない人たちのことを念頭においていない。

その場合、どのようなことが起こるかは、児童扶養手当削減、生活保護の母子加算廃止の「代償」として設けられた諸制度の実績が物語っている。二〇〇七年一〇月二二日、朝日新聞は「就業支援　現実離れ」というタイトルの記事を掲載した。母子家庭に対する就業支援の一事業である「常用雇用転換奨励金」(常用雇用を前提にシングルマザーを雇用した企業に一人当たり三〇万円の奨励金を出す制度)の実施状況は、東京・大阪・埼玉・千葉・神奈川など多くの自治体で〇パーセント。その制度を利用して正社員になれたのは、四年間でわずか九二人だったという。

たとえ企業に対する奨励金をいくら用意しようと、実際にそれを利用する人たちの諸条件(〝溜め〟)を整備しなければ、利用する人は出てこない。その人たちにも生活があるからだ。二〇〇七年末、あるテレビ番組の収録を行ったときに、タレントのカンニング竹山氏が自民党の再チャレンジ政策を批評して「結局自分でやれってことですね」と語っていたが、彼のコメントこそ、再チャレンジ政策の本質を言い当てていると感じた。

結果として、さまざまなサポートセンターを設置するお金、職員配置のお金ばかりが消費されていく。大川興業社長の大川豊氏は、雇用保険の流用金の問題に絡めて、細分化された数々の施策は、結局役人の天下り先確保のために過ぎないのではないかと語っているが(保坂展人・大川豊・岩瀬達哉『官の錬金術――失業保険一兆円はどこへ消えたか』WAVE出版、二〇〇五年)、小林美希氏は、同じようなことが再チャレンジ政策でも起こっていることを暴露した。フリーターの就労支援対策として設置された若年向けハローワーク「ジョブカフェ」運営の再委託を受けたリクルートが、日給一二万円という人件費(プロジェクトマネージャー。事務スタッフでも五万円)を計上していた一件だ(小林美希「日給一二万円の「異常」委託費――ジョブカフェ内部文書入手、「高額人件費」のからくり」朝日新聞社『AERA』二〇〇七年一二月三日号)。

〝溜め〟のない人たちをダシに、政府や企業が私腹を肥やしているのだとしたら、国家ぐるみで貧困者を食い物にする「貧困ビジネス」(第五章参照)に手を染めていると言われても仕方がない(アメリカがすでにそのような状態にあることは、堤未果『ルポ　貧困大国アメリカ』岩波新書、二〇〇八年を参照)。

4　貧困問題をスタートラインに

日本に絶対的貧困はあるか

小泉元首相と二人三脚で構造改革路線を推進してきた竹中平蔵氏は、総務大臣当時、次のように発言したことがある。

「格差ではなく貧困の議論をすべきです。貧困が一定程度広がったら政策で対応しないといけませんが、社会的に解決しないといけない大問題としての貧困はこの国にはないと思います」（朝日新聞二〇〇六年六月一六日付）

格差の存在は認めるが、言われているほどではない。そもそも格差のない社会はありえないし、活力ある社会のためには一定の格差は必要である。生きていけないという貧困まで陥ってしまったら、生活保護などのセーフティネットできちんとカバーする必要がある。しかし、日本はまだまだ豊かであり、大問題とまでは言えない――という主張である。

二〇〇七年二月一三日、当時の安倍晋三首相も、民主党・菅直人代表代行の質問に対して「生活必需品が調達できない絶対的貧困率は先進国の中で最も低い水準にある」と答えた（東京新聞二〇〇七年二月一三日付)。

政府がこのように胸を張る根拠は、二〇〇六年七月に発表された内閣府『平成一八年次経済財政報告』(以下『報告』)にある。『報告』は「貧困度を絶対的貧困という尺度で国際比較を行うと、日本が厳しい貧困状況にあるという結論を導き出すことは難しい」と述べていた。二〇〇六年七月にOECDが発表して注目を集めた相対的貧困率は、あくまで豊かな社会の中の「格差」の問題であり、食べるに食べられない絶対的貧困は「大問題」ではない、という主張である。

しかしこの判断は、実はいかなる国内調査にも基づいていない。『報告』が拠っているのは唯一、二〇〇二年のアメリカ民間団体の調査だった(The Pew Global Attitudes Project, What The World Thinks in 2002)。この調査は、世界四四ヵ国の人々を対象に、対面または電話で「過去数年間で生活必需品(食料・医療・被服など)を調達できなかったことがあるかどうか」を聞いたものである。日本では任意に抽出された七〇〇人に電話で聞き、その中で「ある」と答えた人が調査対象国中もっとも低かった(九%)。それが『報告』の根拠となり、首相答弁の根拠となっていた。

海外の民間団体がたった七〇〇人に電話で主観的な回答を聞いただけの調査が、「日本の絶対的貧困が大した問題ではない」と判断する唯一の根拠になっているというのは、あまりにもお粗末ではないか。

貧困を認めたがらない政府

たとえばアメリカ政府は、二〇〇五年には基準額(四人家族で約一万九九〇〇ドル(約二三〇万円)、単身者で約九九〇〇ドル(約一一五万円))以下の収入しかない貧困層が、人口比一二・六%、三六九五万人いると報告しており(東京新聞二〇〇六年八月三一日付他)、これがさまざまな貧困対策の指標(目安)となっている。

ドイツ連邦統計庁は、人口の一三%に当たる一〇三〇万人が「貧困の危機」にさらされていると発表している(労働政策研究・研修機構メールマガジン二〇〇六年一二月八日)。またスイス連邦統計局発表によると、二〇〇六年にはスイスに住む二〇歳から五九歳までのうち、九%に当たる三八万人(総人口約七四〇万人)が貧困線(ひとり親家庭で月二二〇〇フラン、約二二万円。夫婦子二人世帯で四六五〇フラン、約四五万円)を下回る生活を送っている。ワーキング・プアと呼ばれる「働く貧困層」(週当たり労働時間三五時間以上)は、二〇〇〇年の五%から二〇〇六年には四・五%まで減少した(スイスインフォ外電二〇〇八年二月一三日)。

さらに、イギリスの捕捉率は約九〇%であり、韓国政府は日本の生活保護に当たる国民生活基礎保障法から漏れている「非受給貧困層」を一九〇万人と推計している(朝日新聞二〇〇六年一〇月二七日付)。

それに対して日本では、収入がいくら以下の水準だと貧困とみなすというような貧困指標(貧困ライン)が存在しない。そのため、憲法二五条に基づいて生存権を保障している生活保護法の定める基準(生活保護基準)が、国の最低ラインを画する最低生活費として機能している。つまり、生活保護基準は、生活保護受給者が毎月受け取る金額であると同時に、国全体の最低生活費でもある。したがって、日本における絶対的貧困とは、生活保護基準を下回った状態で生活することを指す。

ところがすでに述べたように、日本政府は捕捉率を調査していないので、どれだけの人が最低生活費以下の貧困状態にあるか、公式な数字が存在していない。

二〇〇七年一一月六日、福田政権は捕捉率の調査を行うべきではないかと質問した民主党・山井和則議員の質問主意書に、次のように答えている。

「厚生労働省としては、真に保護が必要な者に対して適切に保護が実施されることは重要であると考えるが、生活保護法上は、原則として本人等の申請に基づき生活保護を開始することとしており、実際に本人等の申請がなければ当該本人が生活保護の受給要件を満たすかどうか確認することが困難であることから、ご指摘の調査を行うことは、困難であると考える」(内閣衆質一六八第一六五号)

生活保護は申請主義だから、申請がなければ誰が生活困窮しているかわからない。だから捕捉率も調べようがない、という答弁である。また、厚生労働省は次のように話してもいる。「実際に保護を受けられるかどうかは働く能力や親族からの扶養の有無など様々な条件が関係するので、調査しても意味がない」(前掲朝日新聞)。

たしかに、生活保護を実際に受給できるかどうかは、親族が扶養するかどうかなどで変わってくるので、所得と資産だけから割り出すことはできない。しかしそれは、受給条件に関する問題である。前述したように、生活保護基準が最低生活費としての機能を持つことを考えれば、その人本人が生活保護を受けたいと思っているかどうか、あるいは現実に扶養してくれる人がいるかどうかとは別に、生活保護基準以下の状態で暮らしていると推測される貧困層の数を割り出すことには意味があるし、可能なはずだ(実際、日本政府は一九六五年まで貧困状態にある低消費水準世帯の調査を行っていた)。またそうでなければ、「大問題としての貧困はない」などと胸を張られても、説得力に欠けると言わざるを得ない。

　ところが二〇〇七年一〇月一九日、厚生労働省はついに一般世帯の消費実態(生活扶助支出相当額)と生活保護世帯の生活保護基準を比較する詳細な分析を公表した(「生活扶助基準に関する検討会」第一回資料)。それによれば、所得の低い六～八％の人たちは、生活保護世帯よりも貧しい暮らしをしていた。これは「平成一六年全国消費実態調査」の個票に基づいて、一件ごとの世帯収入を生活保護基準に当てはめ、高齢世帯についてはその持っている資産についても織り込むなど、相当な労力を割いた詳細・緻密な分析だった。「困難である」「意味がない」と言っていた政府に、実はその基礎情報も能力もあることが示された(この「検討会」についての詳細は第五章の4を参照)。

　しかしながら、その分析結果は、貧困層の概算や捕捉率の推計、低所得者対策の基礎情報など、貧困問題の解消に結びつく方向で活用されることはなく、「生活保護を受けていない貧乏な人たちがこれだけいるのだから」と、生活保護基準(最低生活費)切下げに向けた材料として「活用」された。

　貧困の規模・程度・実態を明らかにすることを拒み続けた末に出してきた資料が、貧困問題の公認のための材料になるどころか、最低生活費の切下げ、国民生活の「底下げ」のための材料に使われた。この事実は、二〇〇七年段階における、日本政府の貧困問題に対する姿勢を如実に物語るものとして、人々の記憶に刻まれていい。

貧困問題をスタートラインに

なぜ、日本政府は貧困問題に向き合おうとしないのか。日本社会における貧困の広がりを認めなければ、貧困が生み出される社会構造はそのままに放置され、貧困はさらに拡大する。生活苦による犯罪、児童虐待を含む家庭内暴力、自殺が減ることはなく、社会の活力はますます失われ、少子高齢化にも拍車がかかっていくだろう。ただちに大規模な実態調査を行い、その結果を踏まえて対策を立てるべきである。

しかし、まさしくそれゆえに、政府は貧困と向き合いたがらない。貧困の実態を知ってしまえば、放置することは許されない。なぜなら、貧困とは「あってはならない」ものだからだ。最低生活費以下で暮らす人が膨大に存在すること、それは一言でいえば憲法二五条違反の状態である。国には、当然にその違憲状態を解消する義務が生じる。貧困に対処し、貧困問題を解消させるのが政治の重要な目的の一つだというのは、世界の常識でもある。しかしそれは、この間の政府の「小さな政府」路線に根本的な修正を迫らずにおかない。

政府はこれまで次のように言ってきた——そもそも少子高齢化が進み、財政が逼迫《ひっぱく》する中、

「弱者」と言われている人たちへの大盤振る舞いなどできるはずもない。少なからず紛れ込んでいる偽の弱者(不正受給など)を厳しく抉《えぐ》り出すとともに、「自立」(稼働収入で経済的に誰にも頼らず生きていくこと)できる人たちにはもっと頑張ってもらう必要があるし(フリーター・ニート・母子家庭・障害者・ホームレスなどの自立支援諸政策)、まだ余力のある高齢者などにはそれなりの負担をしてもらわなければならない(後期高齢者医療制度〔通称「長寿医療制度」〕の導入、消費税率引上げなど)。

しかしそれが憲法違反だとしたら、前記のような言い分は通用しなくなる。足りないのは、本人たちの自助努力ではなく、政府の自助努力であることが明らかになってしまう。うまくいかないのは工夫の足りない証拠、自助努力の足りない証拠だと言っていたのが、そのまま我が身に返ってきてしまう。「お金がないからできません」という言い訳が通用しなくなってしまう。自助努力が足りないからだと自分で自分を責めていてくれれば一銭もかからなかったものが、財政出動を要求する事態になってしまう。だから見たくない、隠したい――こうして、政府は依然として貧困を認めず、貧困は放置され続けている。

貧困問題に対する認識が少しずつではあれ広がり始め、一部には「ワーキング・プアの反撃」などといささか誇張気味に喧伝する報道も見られるようになった。たしかに「貧困」という言葉は、以前のようにタブー視されることは少なくなった。しかし、本書を執筆している二〇〇八年三月時点において、少なくとも政府は、貧困問題を直視もしていなければ、公認もしていない。アメリカを含むいわゆる「先進諸国」が、無視できない貧困問題の存在を公式に認めた上で、その対処法に関して議論を重ねているのに比べて、この落差はあまりにも甚だしく、そして痛々しい。

その意味で、政府を始めとする日本社会総体は、貧困問題に関して、依然としてスタートラインにさえ立っていない。私たちにとっての「反貧困」は、このような現状認識の上に展開される。

第Ⅱ部

「反貧困」の現場から

第四章　「すべり台社会」に歯止めを

1　「市民活動」「社会領域」の復権を目指す

セーフティネットの「修繕屋」になる

なぜ今、日本社会に貧困が広がっているのか。そのことを第二章で東京新聞「生活図鑑」を参照しつつ説明した（図1参照）。三層のセーフティネットが十分に機能せず、そのために多くの人たちがこぼれ落ち、貧困（〃溜め〃のない状態）にまで至ってしまっている。その様子を「すべり台社会」とも形容し、また現実に墜落していく人たちの立場からは「五重の排除」として表現できる、と記した。

だとすれば「反貧困」を掲げる私たちの活動は、その逆を目指すものとなるだろう。つまり、ぼろぼろになってしまったセーフティネットを修繕して、すべり台の途中に歯止めを打ち立てること、貧困に陥りそうな人々を排除するのではなく包摂し、〃溜め〃を増やすこと、である。

これは、第一義的には政治の仕事である。「働いていれば食べていける」状態を作るために労働市場を規制すること、失業給付の対象や期間を拡大すること、国民健康保険・国民年金制度を立て直すこと、そして生活保護の運用を改めること。これらはすべて、最終的には政治的解決を必要とする。

しかしそれは、政治家に任せる、ということとは違う。現在の貧困の広がりは、政治によって進められてきた面がある。日本経団連を始めとする財界が、献金や寄付、各種提言を通じて政界に積極的に働きかけてきた結果、政治はこの間、貧困を拡大・深化させる方向で動いてきた。それに対して、私たちも選挙やその他のさまざまな回路を通じて政治に働きかけていく必要がある。その意味で、これは「社会」の仕事である。しかし最近は、この「社会」という言葉をあまり聞かなくなった（「社会」という言葉の衰退とその理由については、市野川容孝『社会』岩波書店、二〇〇六年を参照）。

大きな組織力を背景に持たない一個人が何かを言ったりやったりしてもどうせ無駄、という閉塞感が広がっている、と言われることがある。それは、政治に対する不信感の増大という以上に、社会に対する信頼の失墜である。世の中の誰かにちゃんと受け止めてもらえるという信頼感をもてなければ、何かを訴える意欲は出てこない。それが孤立ということであり、「どうせ自己満足にすぎないだろう」という社会的活動に対する皮肉から、「自分のことなどどうでもいい」という「自分自身からの排除」に至るまで、社会に対する信頼感の失墜は立場や階層を越えてさまざまな反応を引き起こす。

セーフティネットの張り直しも、どうせ無駄と言ってしまえば、そこで話は終わる。無駄でないと言い切る根拠はない。商品を作っても売れないことがあるように、活動しても変わらないということはある。発売当時さっぱり売れなかった商品が、五年後一〇年後に爆発的に売れるかもしれないし、いつまで経っても売れないかもしれない。私がこれから述べる活動も同じだ。しかし何もしなければ変わらない。これだけは間違いない。

十分な資金力を持たない一市民が政治に働きかけていくためには、社会や世論を媒介させる必要がある。個々の小さな活動も、マスメディアを始めとしたさまざまな媒介項(メディア)を通じて伝えられ、多くの人の目に止まって現状や認識が共有され、社会化され、「世論」となることで、無視できない「力」となる。

もちろん、一つ一つの活動や取組みが真に必要で意義を有するものであれば、マスメディアに取り上げられず、政界に認知されていなくても、他者の共感を呼び、社会的に伝播していくだろう。

読者の中には、これから述べることが、いわゆる「政策提言」の形に練り上がっていないことに不満を感じる人がいるかもしれない。個々の活動とは「小さい」話であり、政策とは「大きい」話である。小さい話をしていても仕方なく、大きなところでどうするかを考えなければならない、と。しかし、大きな話を引き寄せるのは、個々の小さな活動である。そして、そこからしか見えてこないものもある。制度をどう変えるかという視点も、現存制度の中でぎりぎり格闘するところから出てくる場合も少なくない。

「市民(citizen)」という言葉もすっかり人気がなくなった。市民という言葉には、国の動向とは別に、社会の一員としての立場から社会的に必要と感じられることを自主的に行う人々、という意味合いが込められていたように思う。それは、「国民」とも「会社員」とも「労働組合員」とも、「家族の一員」とも「地域の一員」とも違う、「社会」に対して責任を持とうとする存在のはずだった。

「反貧困」を担う活動が、一人でも多くの「市民」によって担われ、「社会」に働きかけ、政治を変え、日本社会総体において貧困問題がスタートラインに立つことを、私は願っている。

最初の「ネットカフェ難民」相談

小さい、個別の活動が、政策的な形を取るに至ることがある。その一連のプロセスを端的に示す最近の事例の一つとして、いわゆる「ネットカフェ難民」の問題があった。

日々生活困窮者からの相談が舞い込む〈もやい〉に、ネットカフェから最初の相談メールが来たのは、二〇〇三年一一月だった。相談者は当時三八歳の男性。東京郊外の倉庫の仕分け作業に派遣で入っていた。時給七〇〇円の最低賃金に近い労働をこなしていたが、残業時間が長く、生活保護基準をぎりぎりで上回る収入を得て、なんとかネットカフェに泊まる費用は捻出できていた。しかし、改めてアパートに入る諸費用はどうしても貯められない。ネットカフェを泊まり歩く生活は限界を迎えていた。

相談を受け、彼には二つの選択肢を提示した。一つは、東京都と二三区が行っているホームレス対策(自立支援事業)を利用すること。もう一つは、生活保護を申請して、生活保護費で居所を確保すること。

どちらの場合にも、仕事を一度やめなければならなかった。前者を利用した場合に最初に入る施設(緊急一時保護センター)では、基本的に就労は認められていない。門限は午後五時で、就労を理由に延ばすことはできない。路上で疲弊した体を回復するための施設だからだ。また、生活保護を申請する場合にも、たとえ住所不定状態であっても、生活保護基準を上回る収入がある以上、審査は通らない。

しかし男性は、仕事を続けることを希望した。理由は「今以上の条件の就職先を見つけられるとは限らない」からだった。時給が極めて低いとは言え、男性は今の職場で信頼され、主任格で現場を任されていた。残業代もつく。自立支援事業にしろ、生活保護にしろ、近々仕事を探さなければならないことに変わりはない。うまく見つからない場合、特に自立支援事業の場合は、福祉事務所のフォローもなく、路上に放り出されてしまうことも少なくない。生活保護を受けたとしても、居所設定後は当然に働く必要があるし、何よりも「できることなら役所の世話になどならず、自活したい」と言っていた。

その場合、残された選択肢は、ネットカフェで暮らしながらアパートに入る一時金を貯めるしかない。「その気になればできるはず」と暢気《のんき》に言う人もいるが、実際は簡単ではない。ネットカフェでの暮らしは、低収入であると同時に、高支出である。毎晩一〇〇〇〜一五〇〇円の宿泊費、三食の食事代はもちろん、風呂代、荷物を預けるためのコインロッカー代、仕事上の身なりを保つためのコインランドリー代、その他もろもろの経費がかかる。いわば、常時旅行しているような状態だ。

ネットカフェで暮らしながら仕事をして、三〇〇円のお弁当一つを二食にわけるなどして節約していた人もいたが、「なんとか五万〜一〇万円貯められたと思ったころに、無理がたたって体を壊してしまう」と言っていた。風邪をひけば、仕事に行けないから収入はなく、しかし日中も滞在するから支出は増える。リクライニングチェアで毛布にくるまっていても、十分な休息は取れない。夏はクーラー、冬は暖房が一日中効いている。寝汗をかいてもすぐには洗濯できない。暖かく胃腸にやさしい食事もとりづらい。住所不定状態で国民健康保険に入っていないので病院にも行けない。こうした中で、貯金は一気に目減りする。またがんばって、また体を壊して、というサイクルを繰り返し、徐々に芯から疲弊していく。

結局、この男性には、たまたま協力を申し出てくれたアパートの大家さんを紹介し、敷金・礼金を免除してもらって入居を果たした。

対策が打たれるまで

その後、月に一、二件のペースでネットカフェから同様の相談が舞い込むようになった。すでに二〇〇〇年前後には、路上で二〇代、三〇代の野宿者(ホームレス)が珍しくなくなっていたから、若い人から相談が来ることには驚かなかった。しかし、ネットカフェという新たな場所から、ホームページを検索し、フリーメールを使って相談が来るという形態は、当時の私たちにとって新しい現象だった。

以後三年間、私はたまに取材に来る人たちにこの「ネットカフェで人が暮らすに至っている状況」について話し、実態を伝えてくれるよう頼んだ。しかし記事にはならず、彼/彼女らの存在は、社会的に認知されない状態が続いた。

状況が変化したきっかけは、二〇〇六年七月のNHKスペシャル『ワーキングプア』である。日本の貧困層を「プア(貧困)」というタイトルの下、正面から取り組んだこの番組が注目を集めたことにより、貧困問題に対するマスコミ内部での関心が一気に高まり、〈もやい〉にも取材が殺到するようになる。そして、朝日新聞の山内深紗子記者が「現住所　ネットカフェ」を書き(二〇〇六年一一月二日付夕刊)、彼/彼女らの存在が初めて社会的に知られた。

二〇〇七年一月二八日には、日本テレビの水島宏明解説委員が『NNNドキュメント〇七ネットカフェ難民』を制作・放映。映像に映し出された「ネットカフェ難民」の実態は、多くの人に衝撃を与え、以後同様の報道が相次いだ。

その後、首都圏青年ユニオンなどで構成される青年雇用大集会実行委員会が、独自に全国各地で調査を行い、全国の一九地域四六店舗の七六%に当たる二六店舗で長期滞在者がいることを確認した。

二〇〇七年三月、参議院厚生労働委員会での共産党・小池晃議員の質問に対して、当時の柳沢伯夫厚生労働大臣が「健康とか安全管理というような面から望ましい労働の形態とはいえない」と答弁した。それを受ける形で、厚生労働省は四月、初の実態調査に乗り出す方針を公表した。

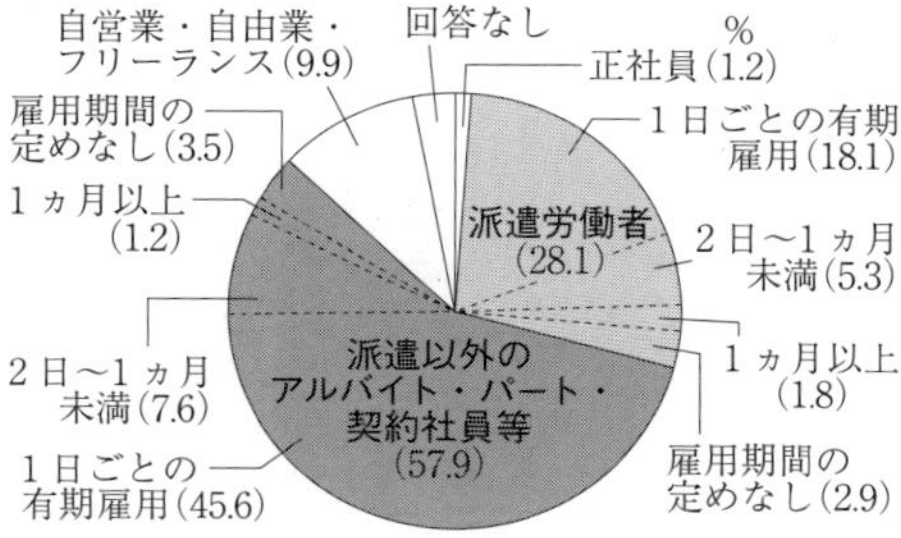

出典：厚生労働省「住居喪失不安定就労者の実態に関する調査」

図12 「ネットカフェ難民」の就業状況

調査は夏に行われ、八月二八日、厚生労働省が「住宅喪失不安定就労者の実態に関する調査」を発表し、ネットカフェに週三、四回以上宿泊する「常連的宿泊者」が全国に五四〇〇人いると推計した。東京三〇〇人、大阪六二人の聞取り調査では、平均月収一〇万七〇〇〇円、四人に三人が就労していて、うち六割が日雇いという実態が明らかになった(図12)。典型的なワーキング・プア状態である。しかし、具体的な求職活動をしている人は四人に一人。理由は「日払いでないと生活費が続かない」「現在、履歴書に書く住所がない」からだった。「面接用の交通費等の当面の金がない」「携帯電話がない」

などといった切迫した回答もあった。

この調査結果を受けて、厚生労働省は自治体と連携して対策を策定した。東京都は「生活安定・正規雇用に向けた取組み」として、①新宿区内に設置するサポートセンターを民間委託して、ネットカフェの巡回相談にあたらせる、②アパート入居費用や生活資金として、最大六〇万円を無利子で貸し付ける、③四〇科目の公共職業訓練を行い、受講中は月額一五万円の生活費(受講奨励金)を支給する、④就職した際には「就職等一時金」として最大五〇万円を貸し付ける、⑤正規雇用する企業には採用一人当たり六〇万円の奨励金を支給する、という施策を二〇〇八年度から始めることとした。②〜⑤は、低所得の若年・ひとり親・中高年世帯も対象にして、全体で「低所得者生活安定化プログラム(緊急総合対策三カ年事業)」と命名されている。年間予算一〇億円の取組みだ。

ネットカフェで寝起きする人たちから相談を受け始めて四年余、最初の報道が出てから一年半、このプロセスの渦中にいて感じたのは、ひとたび貧困問題として社会的に共有されれば、待ったなしで政策的対応を呼び出すという事実だった。この問題では、政策的に対応されるまでの一連のプロセス(個々の相談・対応→報道による社会化→国会質疑→省庁による調査→対策)が矢継ぎ早に踏まれていった。貧困の実態を突きつけられれば、厚生労働大臣としても

「好きでやっているんだろうから、放っておけばいい」とは言えない。それが、自己責任論の及ばない貧困問題のもつ「力(訴える力、説得する力)」だった。

ホームレスはホームレスではない?

同時に、このプロセスが多くの課題を積み残していることも疑いない。

そもそもの問題として、「ネットカフェ難民」を単独で括《くく》り出すことに限界がある。ネットカフェに暮らしている人たちは、同時に路上や会社寮、サウナなどの居所を転々としている。それは、路上にはいないかもしれないが、居所と住民票所在地が乖離《かいり》している住所不定状態、という広義のホームレス状態にある。家やアパートにもいなければ、路上にもいない——このような中間形態で起居する人たちは膨大にいて、「ネットカフェ難民」はそのごく一部にすぎない。厚生労働省調査は、この中で週の半分以上宿泊している人たちを強引に括り出して「常連的宿泊者」と類型化したが、週の半分以上か半分以下かを分ける内容的な違いは、何もない。路上からアパートまでの種々の居住形態は多様なグラデーションを形成しており、人々はその間を日常的に往還している。ある週はたまたま仕事が続いたために、一週間ずっとネットカフェで寝ていたという人が、翌週には仕事からあぶれてずっと路上にいた、という事態はいくらでもあるからだ。

「ネットカフェ難民」問題は、アパートでもないが路上でもない、という中間形態(サウナ、カプセルホテル、派遣会社の寮、帰来先のないことによる社会的入院、ドヤ、飯場、宿泊所、居候など)で暮らす人たち全体の氷山の一角、その象徴的存在である。この問題を突破口に、広義のホームレス状態にある人たちの実態に迫り、対策を拡充していくことが必要だ。

しかし、このような見通しを許さないのが「住宅喪失不安定就労者」という、厚生労働省によるネーミングである。これは第一に、いわゆる「ネットカフェ難民」は「ホームレス」ではない、という含意に基づいている。「ホームレスの自立の支援等に関する特別措置法」(二〇〇二年八月)によれば、「ホームレスとは、都市公園、河川、道路、駅舎その他の施設を故なく起居の場所とし、日常生活を営んでいる者をいう」(二条)。厚生労働省は、ネットカフェに対価を支払って滞在している「ネットカフェ難民」は、この「故なく」に当たらないなどの理由で、法の定める「ホームレス」ではない、と言っている。また、この法律を受けて制定された厚生労働省の「ホームレスの自立の支援等に関する基本方針」(二〇〇三年七月)には、ホームレスになるおそれのある者(予備軍)への対策の必要性が謳《うた》われているが、「ネットカフェ難民」にはこれにも当てはまらない、と言う。

背景にあるのは、ホームレス問題を主管し、ホームレス問題の拡大を恐れる厚生労働省社会・援護局地域福祉課の頑なさだ。先に挙げた法律は一〇年の時限立法だが、問題を広義のホームレスにまで広げてしまえば、一〇年で終息させることは難しくなる。それを嫌って、地域福祉課は「ネットカフェで暮らす人々は、ホームレスではない」と言い張っている。しかし、住宅喪失不安定就労者は、英語で言えば「ホームレス・ワーカー」だ。対策の拡充を目指していこうとする姿勢は、ここにはない。結局「ネットカフェ難民」対策は、狭義のホームレス(路上生活者)問題とも広義のホームレス問題ともリンクすることなく、そのときたまたまネットカフェにいた人たちだけへの施策で終わってしまう可能性がある。

生活保護制度の下方修正?

発表された対策に心配される点も多い。地方自治体として真っ先に対策を発表した東京都の最大一一〇万円貸付というのは、かなり大規模な融資だが、二つの懸念がある。

一つは「正規雇用先を見つけるなど安定的な生活が見込める人を対象に」(毎日新聞二〇〇八年一月九日付)というように、対象者を絞り込もうとしている点である。「ネットカフェ難民」調査でも、二〇代に次いで多かったのは五〇代だった。先日〈もやい〉には、ネットカフェで暮らす五八歳の女性が「自分も都のサービスを利用できるんでしょうか」と聞きにきた。この人たちが正規雇用に就ける可能性は、残念ながら高くない。また「常連的宿泊者」の学歴は、中卒二割、高校中退二割、高卒四割となっていた。実際問題として中卒や高校中退の人たちが、そう簡単に正社員になれるような雇用状況にあるだろうか。

ネットカフェ難民対策を主管している職業安定局は、その名の通り安定的雇用を促進するための部局である。そうである以上、このような限定がつくのはやむを得ない、という意見もあるだろう。しかし、では施策から漏れてしまった人たちはどうするのか。正規雇用に就く見込みがないと貸付は受けられないのだとすれば、条件の悪い人たちほど施策から排除されることになる。

本来ならば、その人たちには、少しでも安定的な雇用環境に就けるよう、支援を先行させるしかない。「就けそうだから支援する」という順番を入れ替えて、「支援して(たとえ正規雇用でなくても)就けるようにする」しかない。そのときに利用できる制度は、日本の全制度を見回してみて、現行では生活保護制度しかない。現に、これまで〈もやい〉に相談に来た人たちの大半は、生活保護を利用して就労自立に向けた条件整備をしてきた。しかし、ここに第二の懸念点がある。

こうした施策ができるとき、それは副作用として、人々に生活保護の申請をさせないための防波堤的機能を持ってしまう。もちろん、生活保護に対する「上乗せ」であれば問題ないが、給付(生活保護)に対する貸付(ネットカフェ対策)は、生活保護よりも内容が劣り、生活保護の下にネットを張る「下方修正」にすぎない。実際、二〇〇〇年から先行して行われている「ホームレス自立支援事業」では、窓口となっている各自治体(二三区)の福祉事務所が、「ホームレス状態にある人は、自立支援事業を利用してもらうことになっている」として、それ以外の選択肢がないかのように言い渡し、生活保護を申請するという本人の選択の余地を奪っている。二〇〇七年六月には、過去の自立支援事業施設における辛い経験から生活保護を申請した四七歳の男性に対して、板橋区福祉事務所が「自立支援事業に乗らないなら、生活保護申請を却下する」と二週間にわたって執拗に圧迫を繰り返し、本人を精神的に追い詰め続けた。このような例は枚挙に暇がない。

「正規雇用の見込みがある人」(雇用対策)と「生活保護申請を受け付けてもらえる人」(福祉対策)との間には、膨大な空白領域ができてしまっている。日雇い派遣や臨時的な派遣・請負を始めとする非正規雇用の領域がこれだけ拡大されたのだから、当然だ。しかし、進もうにも雇ってくれるところがない、退くにも福祉事務所窓口で違法に追い返される(「水際作戦」)という中で、稼働年齢(一八〜六四歳)にある低所得者層が取り残されている。「ネットカフェ難民」とは、路上に暮らすホームレス状態にある人たちと並んで、あらゆるセーフティネットから排除された人々の象徴でもある。

新宿区に設置されて民間委託されるという「サポートセンター」の巡回相談員が、「正規雇用の見込みがある」とは言えない人に出会ったとき、その相談員はどうするのか。路上生活者になれば自立支援事業を利用できるからと、より厳しい状態になるのを待つのか、追い返されるのを承知で福祉事務所を紹介するのか、それとも、福祉事務所に付き添って生活保護申請をサポートするのか。その領域に今回の施策がどこまで踏み込めるのか、楽観はできない。

施策は必ず次への課題を残す。満点の施策などありえない。それを一歩前進と見るのか、まだまだ不十分だと不足部分に着目するのか、あるいは踏み出した方向自体が誤っていると全面的に批判するのか、問題提起し、施策を行わせると同時に、それを検証するのが私たち市民の役割である。その意味では、私たちは公的施策の外部にいて、問題提起し続け、監視し続ける。私は、そうした市民社会領域の復権を願う者の一人である。

このような形で施策を引き寄せられるかどうかは、しかし結果論であり、活動の本質的契機ではない。現場のニーズに基づく活動は、たとえそれが政策的に呼応される見込みがないとしても、社会的に必要なものだ。

「反貧困」の活動分類

「反貧困」を掲げ、セーフティネットの修繕を試みる私たちの活動は、便宜的にいくつかの領域に分類できる。以下は、私自身が関わる個々の活動を領域別・性質別にまとめたものだ。言うまでもなく、貧困問題と直接・間接に接点をもつ活動は、同じ社会保障に関わるものでも、障害者・高齢者・ひとり親家庭・多重債務者・ワーキングプア・ホームレスなど多分野に亘り、対抗的な提言活動(アドボカシー)から居場所作りに至るまで、多様である。ここに挙げたのは、全体から見ればごく一部の、たかだか一人の人間が関与できる狭い範囲に限られている。したがって、網羅的な見取図ではない。

しかし他方、その狭い範囲内にも多様な活動があり、それぞれの活動を掘り下げていくことで、さまざまな角度から貧困問題の一端が垣間見えてくる。それぞれの規模は小さくても、一つ一つの活動が呼応しあい、他分野の諸活動と連携し、日本が貧困問題においてスタートを切ることを願って、以下に紹介する。

表2の縦(A~D)は、雇用・社会保険・公的扶助それぞれのセーフティネットのどこに主に、

表2 「反貧困」活動の分類

	(1) 個別的・批判的・補完的	(2) 独自的・創出的	(3) 社会的・提言的
A 雇用ネット	エム・クルーユニオン	あうん	
B 社会保険ネット		反貧困たすけあいネットワーク	
C 公的扶助ネット	もやい，ホームレス総合相談ネットワーク，首都圏生活保護支援法律家ネットワーク		生活保護問題対策全国会議，ホームレス法的支援者交流会，さいたま生活支援ネットワーク
D 全　体			反貧困ネットワーク，貧困研究会

対応するか、という領域的な分類。横は、活動の性質が、(1)それぞれのセーフティネットから排除されている個々人に対応し、それを通じてセーフティネットの在り方に批判的に(見方によっては補完的に)関わる取組みか、(2)ネットの欠落部分を自分たちで創出する取組みか、(3)個々の対応ではなく、より社会的に広く訴えていくための取組みか、という活動の主な性質に応じた分類である。いずれも便宜的な仕分けにすぎず、いずれの活動も横断的な射程を持っている。

たとえば、エム・クルーユニオンは、エム・クルーという日雇い派遣会社の偽装請負問題や不当天引き問題など、個々の企業の劣悪な労働条件の是正を通じて、雇用ネットの張り直しを試みる(A-(1))と同時に、そうした個別企業に対する問題提起を通じて「日雇い派遣」という労働形態それ自体に対する規制強化を社会的に求め（A-⑶）、かつ日雇い派遣労働に従事している人たちへの日雇雇用保険の適用、ひいては日雇雇用保険制度一般の拡充を個別的・社会的に求めている（B-⑴、B-⑶）。こうした横断的性質は、他の活動も同様で、そうであるがゆえに、社会的な（組合員などの特定対象者だけではない）存在意義もある。

さらに、表2には反映させられていないが、それぞれの活動を中心的に担う人々は、活動家・法律家・研究者などさまざまである。またそれぞれの活動は同時に、セーフティネットの欠落部分に着目し、そこからこぼれ落ちる人たちを食い物にして貧困を固定化することで利潤を得る「貧困ビジネス」（第五章参照）と対峙する関係に立ってもいる。

2　起点としての〈もやい〉

「パンドラの箱」を開ける

私は一九九五年に路上の活動に関わり始めたが、今関与しているさまざまな活動の起点となったのは、二〇〇一年五月に発足した〈もやい〉である。

〈もやい〉の活動は、住所不定状態にある人たちに対するアパート入居時の連帯保証人提供と、生活困窮者に対する生活相談を二本柱としている。連帯保証人提供は、六年半で一三〇〇世帯を超えた。毎年二〇〇世帯のペースで増えている。対象は、野宿者を始めとする広義のホームレス状態にある人たちで、野宿者が七割程度、DV(ドメスティック・バイオレンス)被害を受けて居所を逃げ出してきた人たちが二割程度、残り一割を精神障害者や外国人労働者、路上にはいないがアパートもない「ネットカフェ難民」などが占めている。

当初、この活動は多くの人たちから心配とも批判とも取れる忠告を受けた。ホームレス状態にある人たちの連帯保証人になどなったら、お金がいくらあっても足りない。早晩、活動は破産するだろう、と。「パンドラの箱を開けた」とも言われた。しかし、実際に滞納などによる金銭的トラブルになるのは約五%前後。活動は今でも継続して連帯保証人を提供している。

約九五%の人たちが、少なくとも連帯保証人に金銭的な負担をかけずにアパート生活を継続しているという事実は、もっと広く知られていい。それ自体が「ホームレスの人たちはアパート生活などできない/したくない」という広く浸透した偏見に対する反証となっているからだ。

むしろ私たちの記憶に残っているのは、「三〇年ぶりに畳の上で思う存分手足を伸ばして寝ることができた」「自分で作った味噌汁を飲んだときに、しみじみ「帰ってきた」と思った」

という声である。長く「好きでやっている」と自己責任論で片づけられてきた野宿者も、アパートに入れさえすれば、そのほとんどが連帯保証人の世話になどならず、アパート生活を維持できる。だとすれば、彼／彼女らをアパート生活から遠ざけているものは何なのか。ここに至って無知に基づく自己責任論は破綻し、社会的・構造的な諸要因へと目が向かう。

本来、アパート入居時の連帯保証人提供といった問題は、小さなＮＰＯ法人の手に負えるものではない。実際、連帯保証人を用意できずに苦労している人たちは、私たちが対応している件数の数十倍、数百倍に達するだろう。行政も、国土交通省が二〇〇一年に「高齢者の入居の安定確保に関する法律」を制定し、それを受けて同年、東京都が高齢者等入居支援サービスとして「あんしん入居制度」を開始した。以後、二三区でも続々と類似の制度が新設されて、連帯保証人が見つからない人たちへの家賃保証などが実施されている。

しかし、多くの場合に対象者が高齢者や障害者手帳を有する者などに限定されている上、「区内に住民票を設定してから二年を経過している者」という住民票要件が課されているために、使い勝手が悪い（横浜市「民間住宅あんしん入居制度」は、その中で唯一使い勝手のいい制度を作っている）。また、多くの自治体がサービス発足時に小さく広報誌に載せる程度で、利用呼びかけをほとんど行っておらず、制度そのものが知られていない。さらには、民間の債務保証会社と利用希望者を橋渡しするだけで、自らが対応するわけではなく、利用料も高い。その結果、二〇〇六年度の累積利用件数が、東京都と二三区すべての入居支援制度の利用者を合わせても、大半がボランティアで運営されている一民間団体である〈もやい〉の実績に及ばない、という冗談のような事態が続いている。

フリーライダー（ただ乗り）を排し、「真に必要な人たち」にサービスを提供するというのは行政の大好きな言い回しだが、実際には住所不定状態にあって、連帯保証人が見つからないためにいつまでもアパート入居が果たせないという「真に必要な人たち」ほど、制度から排除されるという転倒した状態になっている。もし、各自治体が、ほとんど利用されないサービスのために使っている費用を〈もやい〉の運営に充ててくれるならば、今の数倍の人たちが連帯保証人問題で躓《つまず》くことなくアパート入居を果たせるはずだが、発足後六年半、行政からの資金は一円たりとも入っておらず、メンバーの大半が無償ボランティアで活動を支えている。

人間関係の貧困

しかし私たちは、「行政がやらないから」という消極的・補完的な動機だけで活動しているわけではない。私たちが連帯保証人提供に踏み込んだのには、もう一つ動機があった。それは、連帯保証人問題はさまざまな活動分野の結び目になる、という認識である。

一九九〇年代後半に路上で野宿者支援の活動をしているとき、私たちは毎年一・五〜二倍の勢いで野宿者が増え続けていくのを目の当たりにしていた。現場で活動していれば、野宿生活がどれだけ大変かは考えるまでもなく了解できる。当然ながら、人は野宿にならないようにあがく。それでもどうにもならなかったとき(そして自殺しなかったとき)、人は路上に出る。野宿者数は、現実に貧困状態に陥ってしまった人たち全体の数パーセントに過ぎないだろう、と推測できた。全体のわずか数パーセントに過ぎない人たちがそのペースで増えていくということは、その背後に膨大な数の貧困層が生まれていることを意味していた。野宿者に限定されない貧困問題に着手する必要があると感じた。

しかし、路上にへばりつくように活動していると、類似の貧困問題に対応している団体、たとえばＤＶ女性シェルターの人たちと出会う機会がなく、貧困問題に取り組む広がりを作れる状態になかった。しかし、少ない人数で過剰な仕事をこなしているのはどこも同じだとはいえ、それぞれの活動に埋没したままでは問題の広がりに対応して活動領域を広げていけないことも、また事実だった。その点、連帯保証人の問題は、貧困状態に陥る多くの人たちが共通して抱えており、どの団体も苦慮していた。そこで、連帯保証人提供を行う活動をすれば、さまざまな分野の活動と接点がもてるのではないかと考えた。共通の課題を括り出し、それを軸に連携の幅を広げること。それが連帯保証人問題に取り組み始めた、もう一つの動機だった。

なぜ貧困状態にある人は、連帯保証人を探すのに苦労するのか。この問いは「貧困」を単に経済的な「貧乏」と同一視している限り、答えられない。しかし事実としては、貧困状態にある人たちの多くは、連帯保証人になってくれるような頼れる関係(人間関係の〝溜め〟)を持ってなかった。そのため〈もやい〉の発足を準備する過程で、私たちは「人間関係の貧困も貧困問題である」というメッセージを打ち出した。「貧困」と「貧乏」の違い、「五重の排除」といった発想は、ここから生まれた。

自己責任の内面化

本当の意味で「パンドラの箱を開けた」のは、活動のもう一つの柱だった生活相談のほうかもしれない。〈もやい〉で受ける生活相談は、年々増大し、多様化・複雑化している。〈もやい〉では、連帯保証人を提供していなくても、生活に困っている人なら誰にでも門戸を開いているので、日本社会における貧困の広がりに比例して、生活相談も増え続けている。対応するスタッフは六年半の活動の中で少しずつ増えてきたが、常に限界を越える相談件数を抱えている。

相談の多様化・複雑化は、年齢・性別・世帯人数(家族構成)・居住形態・収入形態のあらゆる面で認められる。以前は、相談者と言えば、中高年単身男性の路上生活経験者やDVを理由に離婚した母子家庭など、「古典的貧困層」と言われる人たちがほとんどだった。

しかしこの一、二年は、一〇代から八〇代まで、男性も女性も、単身者も家族持ちや親子も、路上の人からアパートや自宅に暮らしている人まで、失業者も就労中の人も、実に多様な人々が相談に訪れるようになっている。ネットカフェで暮らしている二〇代若年ワーキング・プアの相談を受けた後に、年金だけで暮らしが成り立たない高齢者の話を聞き、次には友人宅に居候しているうつ病の女性の訴えを聞く、といった多様さが日常的な相談風景になっている。ときに現今の貧困問題を「就職氷河期世代」だけの問題であるかのように言う人がいるが、それが目立つ部分を表層的にさらっただけの矮小化にすぎないことは、〈もやい〉の相談を一日でも見学すれば誰でも理解するだろう。

「このままでは、自殺を考えるしかありません」「仕事も底をつき資金も底をつき路上生活となってしまった」「お金もなく野宿も限界です」「毎日の生活に困っていて、明日どうしようという状況です。生活していけない」「漫画喫茶で朝の数時間の暖をとるのも最後です」「行く所もなく着る物もなく困っています」「今の所全財産が七円しかありません」「所持金が五〇〇円になりました」「生活に限界を感じてます」「三ヵ月ほどネットカフェ生活をしてますが、所持金も底をつきました。もう限界です」「もう死ぬ事ばかり考えています」——相談メールからざっと拾っただけでも、こんな言葉が並んでいる。

どうしてもっと早く相談しなかったのか、と言うのは簡単だ。しかし、ほとんどの人が自己責任論を内面化してしまっているので、生活が厳しくても「人の世話になってはいけない。なんとか自分でがんばらなければいけない」と思い込み、相談メールにあるような状態になるまでSOSを発信してこない。彼／彼女らは、よく言われるように「自助努力が足りない」のではなく、自助努力にしがみつきすぎたのだ。自助努力をしても結果が出ないことはあるのだから、過度の自助努力とそれを求める世間一般の無言の圧力がこうした結果をもたらすことは、いわば理の当然である。自己責任論の弊害は、貧困を生み出すだけでなく、貧困当事者本人を呪縛し、問題解決から遠ざける点にある。

その結果、〈もやい〉の生活相談でもっとも頻繁に活用されるのは、生活保護制度となる。本人も望んでいるわけではないし、福祉事務所に歓迎されないこともわかっている。生活保護は、誰にとっても「望ましい」選択肢とは言えない。しかし、他に方法がない。目の前にいる人に「残念だけど、もう死ぬしかないね」とは言えない以上、残るは生活保護制度の活用しかない。

それを「ケシカラン」という人に対しては、だったら生活保護を使わなくても人々が生きていける社会を一緒に作りましょう、と呼びかけたい。そのためには雇用のセーフティネット、社会保険のセーフティネットをもっと強化する必要がある。

申請同行と「水際作戦」

生活保護の利用は、制度や窓口の紹介では終わらない。単に「ここへ行けばいいよ」と言うだけでは、問題に対応したことにはならない。担当部署である福祉事務所に行っても、追い返されてしまうからだ。

「生活保護を受けたいと申し入れましたが、なんくせをつけられ申請を受理してもらえませんでした」「申請書すら書かせてもらえず、挙句の果てには「サラ金でも利用されたらいかがですか?」とまで言われました」「生活保護を受けたいのですが一人では不安です。前回、受付けてもらえませんでした」「数ヵ月間ずっと申請を受付けてもらえなかった」「先日、私の母が役場に生活保護の申請をしようと出かけたのですが、軽く却下されてしまいました」「家がないと生活保護も受けられないと市の職員の方から言われました」――福祉事務所で追い返された後、〈もやい〉に相談に来る人は少なくない。

呆れるのは、私たちのような第三者が同行すれば、その人の状況は前と何一つ変わっていなくてもすんなりと申請できることだ。では、あのいろいろ理由をつけて追い返した行為は何だったのか……と、誰もがそう思う。一人で行ったときの対応とのあまりの違いに、「悔しい」と言って泣いた女性もいた。〈もやい〉のメンバーが直接聞いたところでも「申請書は金庫に入っているが、今日はもう鍵を持った人間が帰ってしまった」などと、稚拙な嘘をつく職員もいた（東京都台東区）。そのときは結局三〇分後に申請書は出てきたが、悪びれた様子はなかったという。こうした行為は、単に人々の生活再建を遅らせるだけでなく、行政への不信感を募らせ、生活保護受給後の担当職員とのコミュニケーションを難しくする。

生活保護の相談は、「面談室」と呼ばれる個室の中で、担当職員と相談者が一対一になって行われるのが原則だが、これが悪用されている。密室の中では何を言おうと、どんな嘘をついて追い返そうと、他に聞いている人間もおらず、証拠も残らないからだ。

同行・同席は、そこに第三者の目を持ち込むことで、面談室の密室性を開放する意味を持っている。生活保護申請の付添いは、民生委員や市町村議会議員の特権のように言われるが、実際には誰が行っても「第三者がそこにいる」というだけでそれなりの意味を持つ。要は、職員が第三者を意識して、言葉を選ぶようになればいい（詳しくは前掲拙著『生活保護申請マニュアル』

を参照)。

だから私は、面談室に監視カメラを付けるべきではないかと考えている。あとで相談者本人の要望に基づいてチェックできるようにすれば、「水際作戦」は即座に解消するだろう。現在、日弁連が警察署における違法な自白強要を防ぐために、取調室に監視カメラを設置するよう求める運動を展開しているが、それと同じ理屈だ。監視社会化は望ましいものではないが、それは権力者が市民の動向を見張るために監視カメラが〝活用〟されている点に問題がある。取調室と面談室は、圧倒的な力関係の違いを背景に、密室で公務員による違法行為が横行するおそれが高いという点で、共通した性質をもっている。「第三者の目」を何らかの形で担保する必要がある。

各自治体で生活保護を担当している福祉事務所職員も、全般的な社会保障費の抑制、自治体の緊縮財政化と公務員バッシングの中で、常に限界を越える仕事を抱えている。「水際作戦」の問題が単に担当公務員の資質の問題としてのみ処理されてしまうのであれば、結局は公務員の身分保障を切り崩すことに利用されるだけで、公共サービスの民営化によるダンピングに帰結してしまうだろう。それは、相談者にも何の利益ももたらしはしない。しかしそれだけに、公務員の人たちには、きちんとした公共サービスを行うためにこそ自分たちの存在が必要なのだ、と積極的に示してもらいたい。「水際作戦」のような違法行為は、何よりも自分たちの首を絞める行為なのだということを自覚してもらいたい。

居場所作り

生活相談は、生活保護の申請同行に限るわけではない。それと並んで重要な意味を持つのが、当事者の居場所作り、相互交流である。

親から虐待されて育った。長年孤立して精神的に追い詰められていた。常に叱咤激励され温かく迎え入れてもらった経験をほとんど持たない――といった人たちは、たとえ生活保護を受けて最低限の生活基盤を確保したからといって、翌日から「二四時間戦えます」と変貌することはあり得ない。人間は機械ではない。

また、路上にいたときはまだ生き抜くために食べ物を融通しあうなど、他人と交流する機会のあった高齢者が、アパートに入ったために、かえってその関係が切れてしまい、誰とも話さなくなった、という場合もある。生活保護を受けたからといって、友人ができるわけではない。金銭的な生活基盤ができても、人間関係の〝溜め〟が増えなければ、総体的な〝溜め〟はなかなか増えていかない。

これは純粋に経験に基づく推測だが、「隣人から毒ガス攻撃を受ける」「大家が勝手に部屋に入ってきて、物を盗んでいく」といった妄想が始まってしまうのは、多くの場合、自分の部屋以外に居場所がない人たちであるように思われる。自分の部屋しか居場所を持たない人たちは、自分の部屋をも居場所ではなくしていってしまう。その意味では、人間というのは自宅と学校、会社、サークル、あるいはネットコミュニケーションなど、複数の居場所がないともたない生き物なのではないだろうか。

アパートには入ったものの、こんなことならまだ路上のほうがマシだった……ということにならないよう、〈もやい〉では当事者間の相互交流や居場所作りに力を入れている。〈もやい〉とはもともと、嵐のときに小さな漁船同士を結び合わせて、転覆しないようにつながり合うことを指す。居場所とは、当事者同士が出会う〝場〟である。あるスタッフが「コーヒーポットとカップがあれば、居場所は作れる」と言っていたが、名言だと思った。文字通りの「茶飲み話」ができるところ。冷たい視線を浴びたり、迷惑がられたり、厄介者扱いされずに済む場所である。あたりまえに自分の居場所をもっている人にはなかなか理解できないかもしれないが、ない人には決定的に、ない。以前、一年半ネットカフェで暮らした上、〈もやい〉が居場所として作っている喫茶店に来た三一歳の男性が、しみじみと「ここは自分が宿無しだということを隠さなくてもいい」と感激していたが、たったそれだけの場所が、なかなかない。

〈もやい〉は、連帯保証人提供をした人や生活相談に来た人を中心に、誰が来てもいい喫茶店を開いているが、最近ではそこからコーヒー焙煎をする共同作業や、女性・若者のそれぞれの居場所が派生していった。私自身はそれぞれの居場所にほとんど関与できていないが、いわゆる「支援者」が説教を垂れるのではなく、当事者同士が出会える「場」のもつ力には特別なものがある。それはさまざまな分野で「ピアカウンセリング（類似の経験をもつ当事者同士がカウンセリングし合う）」の手法が採り入れられていることにも示されている。

もちろん、居場所に来られない人たちの存在に敏感でなければならないし、また万人にとって居心地のいい居場所というのは存在しない。居場所の適正規模とは、せいぜい一〇～二〇人程度ではないかと思う。その意味で、居場所作りは「質より量」である。数多くの居場所が存在し、人によってはそれらを渡り歩くことで常にどこかで他人と接点をもてる状態を作ることが必要だ。

居場所と「反貧困」

こうした「まったり」「だらだら」とした居場所の存在は、「反貧困」という言葉のもつ運動的・戦闘的なイメージにはそぐわない、と感じる人がいるかもしれない。しかし、両者は密接に関係している。

たとえば労働組合には、ともすればすでに組合で一緒に闘っている人、またこれから組合に入って一緒に闘おうという人だけが仲間だ、といった意識がある。組合員増加、組織拡大だけに着目すれば、それは合理的な選択に見える。しかし「反貧困」は、それでは闘えない、と私は感じている。

ここでも鍵概念は、やはり〝溜め〟である。闘うことも、働くことと同様、膨大なエネルギー(〝溜め〟)を必要とする。「不当な扱いを受けたんだから、怒らなきゃいけない」という怒りの強要は、「誰だって、その気になれば再チャレンジできるはず」というチャレンジの強要と基本的に変わりはない。必要なことは、怒りにしろ再チャレンジにしろ、それが可能になるまで〝溜め〟を増やすことである。そのプロセスを描けなければ、それらの強要は、結局種々のセーフティネットからの切り捨てに帰結する他ない。

しかし、そうやって人々を切り捨てた結果、排除した人々から逆に切り捨てられたのも現実である。二〇〇七年参議院選挙の自民党大敗も、労働組合の組織率低下も、原因の一端はそこにある。それを「浮動票の取り込みは難しい」「非正規労働者の組織化は難しい」と総括して

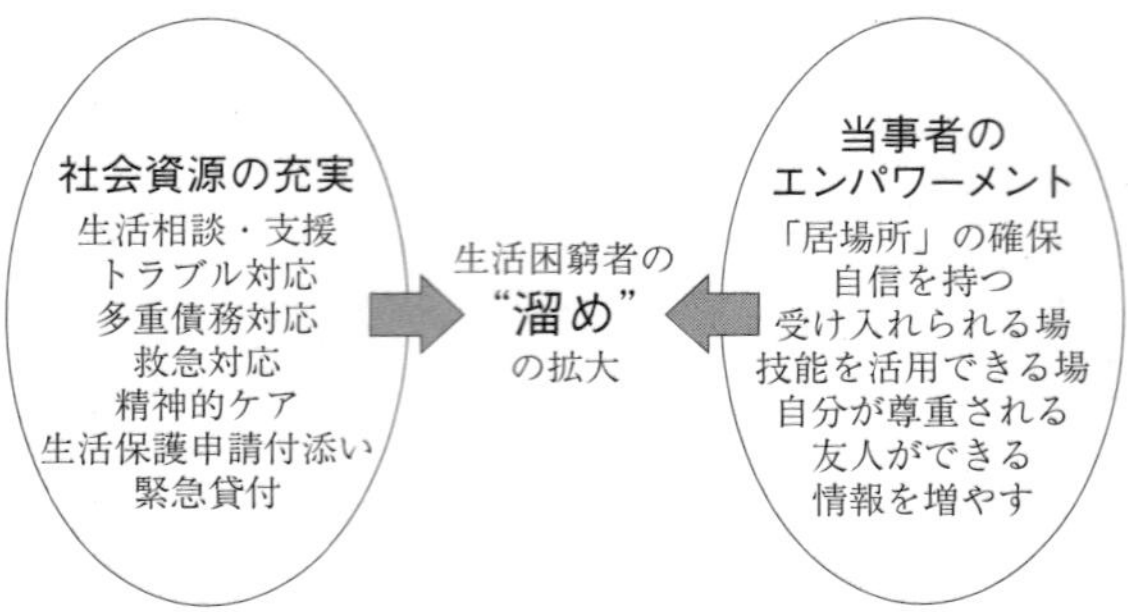

図13　「反貧困」活動を支える両輪

いるようでは、未来はない。逆説的な言い方になるが、闘うためには、闘わなくてもいい場所が必要であり、それが居場所である。

結局、貧困状態まで追い込まれた人たちの〝溜め〟を増やすための組織的、社会的、政治的ゆとり（〝溜め〟）が日本社会全体から失われているのではないか。国も、地方自治体も、企業も、社員も、学校も、家庭も、今や誰もが「サバイバル（生き残り）」を口にし、一瞬でも気を抜いたら負けてしまうと危機感を煽《あお》っている。その焦りや余裕のなさ（〝溜め〟の欠如）が、ますます人々を遠ざけている。多少でも余裕のあることが何か罪深い「怠惰」の証であるかのように、焦り、切り捨て、切り捨てられ、挙句の果てに自分で自分の首を絞めてしまっている。個人の〝溜め〟を増やせないのは、その組織や社会が〝溜め〟を失っている証拠に他ならない（この点、詳しくは終章で述べる）。

貧困状態にある人たちの〝溜め〟を増やすには、生活保護制度や債務整理などの諸サービスの活用を支援する活動、あるいはサービスそれ自体を作る活動とともに、本人が「自分自身からの排除」から回復できる居場所作りが並行して行われる必要がある、と私は考えている。この両者が車の両輪のように嚙み合わなければ、「反貧困」の活動はうまくいかない（図13）。

こうした〈もやい〉の活動を起点として、私はそこでぶつかった諸課題や派生する問題意識を他分野のさまざまな人たちと連携させてきた。日本社会における貧困の広がりに対応して、さまざまな分野の多様な人々が、今「反貧困」の活動に取り組み始めている。次章では、そうした活動の内容を概観しながら、それぞれがこの「すべり台社会」でどんな歯止めを打ちたてようとしているのか。その目的や社会的位置づけを見ていきたい。

第五章　つながり始めた「反貧困」

1　「貧困ビジネス」に抗して――エム・クルーユニオン

日雇い派遣で働く

二〇〇七年八月一日。私は、日雇い派遣会社エム・クルーで働いた。朝六時三〇分に会社に集合。「着いたらこのNさん〔受入会社の現場監督〕に電話して、その指示に従ってください」と「作業依頼書」を渡されて一人で出発した。

現場は都内の私立学校。建物の周りには足場が組まれ、シートで覆われていた。出入口付近には、便器や排気管がうず高く積まれている。「作業依頼書」にあった「ごみだし」とは、おそらくこれを運び出すのだろう。Nに電話をすると、「自分はまだ行けないので、職人Aの指示に従うように」と言われた。しかし、Aもいなかった。別の職人が出勤してきては「建物周りのごみを拾ってくれ」「クロス〔壁紙〕を剝《は》がしてくれないか」と、異なる指示が出る。結局、指示系統がよくわからないまま、クロス剝がしの仕事を始める。

休憩時間に喫煙所でたばこを吸っていると、職人の一人が話しかけてきた。

「いくらで来てるの?」

「八時間で七七〇〇円です」

「安いなあ。相当ピンハネされてるよな。会社はたぶん一万三〇〇〇円ぐらいは支払ってると思うぞ。こんなところでやっていても認められないから、直接雇用のアルバイトを探したほうがいいぞ。ちゃんとやってれば、あいつはできる、使える、で正式に雇ってくれるかもよ」

次は、建物の周りに散乱した建材の片づけ。作業内容として指示されていた「ごみだし」に着手したのは、午後二時近くになってからだった。ダンプカーまでの三〇メートルぐらいをガラ袋を背負って往復する。ダンプカーには、薄汚れたベニヤ板が二枚寝かせてあった。アオリ板だ。ダンプの囲いは低いため、そのベニヤを立てて、廃棄物が溢れ出ないようにする。知らなければ、ごみだと思って、その上に廃材を載せていってしまっただろう。初歩的な知識だが、経験のない人は知らない。誰からもそんなことは教わらない。エム・クルーの社員から、こうした現場での労働経験の有無について聞かれたこともなかった。

午後三時の休憩にみんなで一服しているときに、何かの拍子に「捨てずにとっておいた木材があったのに、いつの間にかなくなってる。たぶんアルバイトのやつだな」という話が出た。エム・クルーから派遣された人間が誤って捨てたんだろう、という話だ。現場における一番の素人だし、段取りも見えていないから、間違って持っていくことはありうる。でも誰も教えてくれなかったことも間違いない。私も、無造作に立てかけてあった木材（使用済みの釘つきの廃材）が、使用予定だとは思わなかった。職人たちに悪意があるとは思わなかったが、こうしたことはあたりまえのように「アルバイト」の責任になり、「知らない、使えない」というイメージが固定化されていく。

結局、ダンプカー一台のごみを満載して、その日は作業終了となった。六時半、支払いを受けるためにエム・クルー本社に戻る。現場でもらった取引先のサインを示すと、現金七二〇〇円が裸で出てきた。「え？　これだけ？　明細は？」と聞いて、ようやく明細書を出してもらう。

指示系統がはっきりしない。初めての人ばかりなので、誰に何を聞けばいいかわからない。高い中間マージンを取られる。仕事ができない、使えない、と軽く見られる。誰もやりたがらない手間のかかる仕事をやらされる。日替わりゆえ、蓄積がない——日雇い派遣には、人々のやる気を削《そ》ぐ要素が満載されている。低賃金で雇用が不安定というだけではない。

低賃金・偽装請負・違法天引き

エム・クルーで紹介される仕事の大半は、建設業である。労働者派遣法で禁じられている業種のため、エム・クルーは取引先と請負契約を結んでいる。「派遣」と「請負」の最大の違いは、労働現場での業務遂行に関する指揮命令を誰が行うか、という点にある。「派遣」の場合は、派遣先企業が行う。「請負」は請負業者が行う。エム・クルーでは、常に派遣先企業の指示にしたがって作業をする。つまり、エム・クルーの就労実態は派遣である。にもかかわらず、派遣禁止業務を行っているために、形だけ請負契約を結ぶ。典型的な偽装請負だ。

また、エム・クルーは、労働者の賃金の中から一回働くごとに「安全協力費」として一〇〇~三〇〇円、「福利厚生費」として二〇〇円を天引きしていた。日雇い派遣大手のフルキャストやグッドウィルが「法的根拠がない」として返還に応じた使途不明金と同じ制度だ。フルキャストは二五〇円、グッドウィルは二〇〇円だから、エム・クルーの最大五〇〇円はそれらを上回る。フルキャストは労働組合の求めに応じて全額返還を約束したが、グッドウィルは過去二年分しか返還していない。そのため、最初の日雇い派遣労働者組合グッドウィルユニオンのメンバーが全額返還を求めて、二〇〇八年三月現在東京地裁で係争中だ。

エム・クルーが取引先企業に提示している「請負基本料金目安表」によれば、エム・クルーの日勤単価は八時間労働（九時間拘束）で一万一九〇〇円。それに対して、労働者の手元に渡るのは七七〇〇円。中間マージン率は三五・二％、違法天引き最大五〇〇円を加えれば四一・二％に上る。エム・クルーでは週当たり延べ約一六〇〇人が稼働しているが、その全員から五〇〇円を天引きしていたとすれば、それだけで八〇万円。年間約四〇〇〇万円の賃金が不当に搾取されていた計算になる。ただでさえ高いマージンを取っているにもかかわらず、その上さらに違法天引きまで行っている。

交通費も食費も自腹なので、この日、私の財布の中身は五三一〇円しか増えなかった。朝六時半から午後五時までの拘束時間一〇時間半で取れば、一時間当たり五〇五円、六時半のエム・クルーでの賃金受け取りまで含めれば、四四二円となる。東京の最低賃金である時給七一九円（二〇〇七年）を大きく下回る。

エム・クルーは「寄宿舎」と称して「レストボックス」という宿泊施設を経営してもいる。私はここに泊まったこともあるが、二段ベッドの並ぶ相部屋で、宿泊費は一泊一八八〇円。室内コインシャワーの使用料が三分間一〇〇円（ちなみに脱衣所はなく、みんなの前で素っ裸にならないといけない）。ロッカーもなく私物は置けないので、外のコインロッカー代も必要になるし、朝食と夕食代もある。結局、手元に残るのは一日一五〇〇〜二〇〇〇円。一ヵ月二二日稼働したとしても、毎日レストボックスに泊まれば、一切の娯楽と無縁で暮らしても一万円程度しか貯められない。もちろん、国民健康保険料や国民年金保険料を支払う余裕はない。

エム・クルーでの労働は「働いても食べていけない、暮らしていけない」という雇用ネットの崩壊ぶりを象徴するような労働条件である。こうした低賃金・細切れ労働を強いる企業を放置し、また労働者派遣法の相次ぐ規制緩和を通じて〝育成〟した結果、派遣・請負業があらゆる職種に蔓延し、すべての労働条件が切り下げられていった。

貧困から脱却させない「貧困ビジネス」

私が最初にエム・クルーを知ったのは、「レストボックス」が報じられた新聞紙上だった(朝日新聞二〇〇五年七月一七日付)。そこでは「一泊一五〇〇円。フリーター歓迎。三七歳社長は元路上生活者。「ここを底にして」」という見出しとともに、帰る場所もなくホームレス状態にあるフリーターたちに、宿と仕事を提供するエム・クルーのシステムが好意的に取り上げられていた。

この記事を読んだとき「とうとうここまで来たか……」と思った。すでにそれ以前からフリーターの低所得化が言われ、「格差」という言葉を頻繁に新聞紙上で見るようになっていた。

雇用が不安定になり、生活が成り立たなくなれば、その一部はアパートの家賃を払えず、ホームレス状態に至る。ホームレス状態に至ったフリーターが一定の数に達すれば、それを対象にしたビジネスが成立する。レストボックスの誕生は、ホームレス化したフリーターが社会の中で一定の数に達したことを示していた。

エム・クルーのようなシステムは、日雇い労働者の間では、古くから「飯場《はんば》システム」として知られているものに近い。日雇い労働者を集め、「飯場」と呼ばれる寄宿舎に寝泊りさせ、そこから工事現場に派遣して、建設現場の肉体作業をさせる。違法な私的ブローカー（「手配師」）が駅や公園を回って野宿者に声をかけることもある。飯場に一定期間（一五日程度）滞在して仕事することは「出張」と呼ばれていた。わずかな賃金の中から寮費・食費を差し引くところ、あえて待機期間を作って賃金と寮費・食費が相殺されるように仕組むところ（たとえば賃金八〇〇〇円で寮費・食費を三〇〇〇円取り、三日に一日しか働かせなければ、一五日の間に五日働いても会社に五〇〇〇円の借金を背負う）、さらには周囲に売店などがないのをいいことに、タバコやお酒を割高の価格で売りつけるところなどがあった。さらに劣悪な飯場では、逃げようとしても逃げられないように門番（遁走《とんそう》することを防ぐ番人という意味で「トンコ番」と呼ばれる）が見張る。そのため、飯場に五年、一〇年と住んでいても、まともな賃金などもらったことがない、という人たちが多数いる。これが「飯場システム」であり、エム・クルーの行っている建設日雇い派遣とレストボックスのセットは、紛れもなくこのシステムを現代風にアレンジしたものに他ならない。

社長の前橋靖氏は、著書『ぼく、路上系社長』(亜紀書房、二〇〇六年)の中で「勝ち組はごく少数で、普通組や負け組が大多数を占める社会が、いずれやってくる。ともすると、勝ち組ばかりをビジネスの対象と考えがちだが、負け組支援ビジネスこそ裾野が広いといえる」と述べ、自身を「社会的企業」だと宣伝している。「社会的企業」とは、"social venture"の邦訳であり、環境・福祉・教育などの社会的な問題に、営利企業として取り組み、利潤を上げながら同時に社会問題の改善・解決を図る、という新しい企業形態を指す。自らの利益を追求するだけでなく、社会に対して責任をもつ企業、という意味である。

社会的企業として、家を失ったフリーターが再びアパートを借りられるようなサポートを本気で行おうとすれば、当然、中間マージンはぎりぎりの最低限に抑え、少しでも多くのお金が働く人たちの手元に残るようにしなければならない。それは、低価格化が進む人材派遣業界では極めて困難なことだが、しかしいわゆる「経営努力」を、そうした労働者の生活再建に傾けるからこそ、「社会的企業」の名に値するのではないか。

エム・クルーはそのような「社会的企業」ではない。むしろそれは、ホームレス状態にまで追い込まれたフリーターたちの弱みに付け込んで食い物にし、しかもその実態を「フリーターに夢を」といった幻想で糊塗する偽看板の商法に他ならない。こうしたビジネスを、私は「社会的企業」の対極にあるものとして「貧困ビジネス」と呼んでいる（「貧困ビジネス」には、こうした人材派遣会社の他、消費者金融、礼金敷金不要物件等多様なものがある。詳しくは拙著『貧困襲来』山吹書店、二〇〇七年を参照）。

労働運動と「反貧困」

この「貧困ビジネス」に対して、非正規労働者中心の個人加盟労働組合である派遣ユニオンやフリーター全般労働組合の呼びかけで、二〇〇七年一〇月一日、派遣ユニオン・エム・クルー支部（以下、ＭＣＵ）を結成し、私も参加した。仕掛けたのは、フルキャストユニオンやグッドウィルユニオンを作り、日雇い派遣問題を社会問題に押し上げた派遣ユニオン書記長の関根秀一郎氏だ。関根氏も私も、ＭＣＵを作るためにエム・クルーで働き、「当事者」となった。

労働運動の部外者だった私がＭＣＵに参加したのは、①エム・クルーがホームレス化したフリーターをターゲットに事業展開しているという点で、ホームレス問題とクロスする部分があったこと、②生活保護を受けるまでには至らないためにも、その手前のセーフティネットを強化する必要があり、そのためには「働いても食べていけない」状態に歯止めをかけるべく、雇用ネットを強化する必要があること、③「反貧困」運動を進めるためには、労働運動との連携が不可欠なこと、による。

ＭＣＵのような労働組合は、大企業正社員労働組合と同じように、そこで働く人たちの労働条件を向上させる目的を持つと同時に、「貧困ビジネス」でもある日雇い派遣会社と対峙して、貧困問題そのものに取り組む「反貧困」運動としての側面を併せ持つ。これは、労働組合が本来、組合員の労働条件の改善と同時に、社会全体を利害関係者(ステークホルダー)として、労働条件全体の底上げを図っていた(少なくともそれを目指していた)こととパラレルである。

しかし、貧困問題は永らく労働団体の関心事とはならず、正規から非正規への雇用代替に対しても十分な歯止めとして機能してこなかった。そのため、非正規労働者が増えるにしたがって組織率も低下し(二〇〇六年で推定一八・二%。図14)、全労働者の労働条件を維持・向上させる社会性を有するはずの労働組合の存在意義それ自体が、議論に上るところまでいってしまった。しかし、エム・クルーのような「貧困ビジネス」に対峙するためには、労働組合の形と力が欠かせない。個人で異議申立てをしても、会社は相手にしてくれないからだ。非正規労働者を見

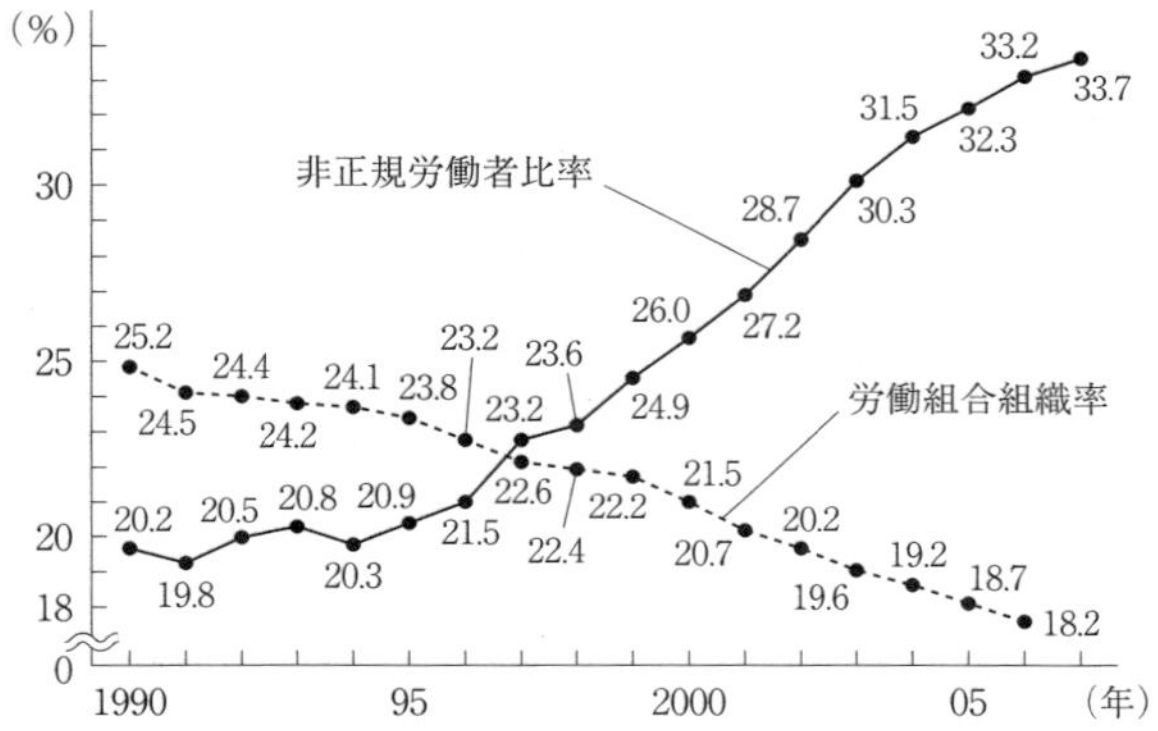

出典：厚生労働省「労働組合基礎調査」，総務省「労働力調査特別調査(2月調査)」(1990-2001年)，同「労働力調査詳細結果(1-3月平均)」(2002-2007年)

図14　労働組合組織率と非正規労働者比率

放してきた労働組合がこれまでの見方を改め、雇用のネットを張り直す修繕屋の仲間入りを果たすことで、労働組合を見放してきた非正規労働者の見方を改めるキッカケを作る必要がある。派遣ユニオンなどの非正規労働組合は、その意味で労働組合復権の鍵を握っていると言っていい。

ＭＣＵは、二〇〇七年一〇月一六日、会社と初めての団体交渉をもった。会社側代表は開口一番、違法天引きを一一月に廃止し、これまでの不当利得も二年間に限ってではあるが返還すると答えた。私たちは創業以来の返還を要求しており、交渉は依然として継続中である(偽装請負等については認めていない)。フルキャストやグッドウィルが返還した前例の影響が大きいとは言え、わずか数人で労働組合を作っただけで、約八〇〇〇万円にも上る返還を約束してきたことは、労働組合のもつ力を示すものだった。それはまた同時に、これだけあっさりと認めざるを得ないような違法行為を、何年にもわたって野放しにしてきた社会の罪深さを示すものでもあった。

もちろん、エム・クルーのような「貧困ビジネス」がそう簡単に改心するわけもなく、違法天引きを廃止する代わりに今度は日給単価を七七〇〇円から七四〇〇円に下げてしまった（二〇〇七年一二月一一日改訂の就業規則による）。日給単価そのものを下げて、違法天引き分の不当利得を実質的・合法的に継続しようというのだ。交渉は、これからも続いていくだろう。

日雇い派遣の構造

エム・クルーのような会社が増えている。雇用の細切れ化と不安定化が極端に進められてきたからだ。労働者派遣法は、一九九九年、二〇〇三年と禁止業務を解禁していった。日本経団連の御手洗冨士夫会長は、それでも現行の請負法制が「無理がありすぎる」と発言するなど、さらなる規制緩和を求めてもいる（朝日新聞二〇〇六年一〇月二八日付）。「貧困ビジネス」を育ててきた国の責任は重大だ。

私が渋谷の路上で野宿者支援活動をしていた九〇年代末から、グッドウィルで派遣労働をしている人はいた。しかし当時、グッドウィルは無名であり、中小企業の一つにすぎなかったはずだ。そのグッドウィルが破竹の勢いで成長し、会長の折口雅博氏が日本経団連の理事に名を連ねるまでの企業になったのは、国が日雇い派遣の可能な業種を次々に広げてきたからである。派遣業種における規制緩和は、雇用の安定的確保や中間マージン率の上限設定、派遣先企業の責任の明確化など、規制強化とセットでなされなければいけなかったが、実際にはそうではなかった。国は財界の要望通りに規制緩和を進めるだけで、働く人たちにとって必要な規制をかけてこなかった。

労働者派遣の問題は、中野麻美氏が『労働ダンピング』(岩波新書、二〇〇六年)で指摘しているように、「労働者の商取引化」にある。人材派遣業者(派遣元企業)から取引先(派遣先企業)に派遣された労働者は、派遣先企業に対しては基本的に労働者としての権利をもたない。派遣される労働者の賃金は、会社の経理上「人件費」ではなく「資材調達費」などに分類されることが、その立場を象徴している。労働者を「人」としてではなく、「商品」として取り扱うことを肯定したシステムが労働者派遣であり、そこで労働者は、倉庫に置かれた在庫物資と基本的に変わらない存在となる。その究極の姿が登録型日雇い派遣であり、彼／彼女らにはもはや

〝倉庫代〟すら不要となった。

登録型日雇い派遣は、派遣労働の必然的な帰結である、と私は考えている。

たとえば製造業メーカーA社が、新規に売り出す携帯電話機を「一ヵ月後に、全国の店頭に一〇万個並べる」と決定する。当然、その携帯電話を組み立てる工場とライン、作業に従事する労働者が大量に必要になる。A社は、そこで人材派遣会社B社に人集めを打診する。B社はその要請に応えられなければ、他社に契約を取られ、林立する人材派遣業界で生き残っていけない。単価(労賃)を低く抑えてでも、仕事を取ろうとする。

しかし、新規機種は予想に反してまったく売れなかった。A社はその機種を見切り、別の機種に乗り換える。「現在のラインは一ヵ月後に撤収」。B社はそれによって派遣労働者を引き揚げなければならない。他の工場への配転で吸収できる人がいるとしても、あぶれる人が出る。このとき、全員の雇用を確保しようとすれば、B社の人件費コストはかさみ、利益は減る。あぶれた人たちを賃金の支払う必要のない「待機」としたい。そのためには、実際に働いている間だけ支払いをする、という登録型の日払い制度が最適である。

B社が人材派遣業界で生き残るためには、低価格を可能にする低コスト戦略をとる他ない。そうしてこそ、登録する人たちに不安定ながらも雇用を提供でき、賃金を支払えるというものだ。

労働者もこの「波」に巻き込まれずにはおかない。日雇い派遣で生計を立てている人たちの中には、今日明日の仕事に就かなければ、今日明日の生活に窮してしまう状態の人たちがいる。紹介された仕事を断わるという選択肢は、最初から存在しない。日々失業の日雇い雇用も、交通費込みの低賃金も、またサービス残業も甘んじて受け入れ、どんな現場にも喜んで出向く便利な商品として振る舞わなければ、いつ仕事が回ってこなくなるかわからない。B社にとっては、どんな労働条件でも、声をかければすぐに飛んでくるオン・デマンドの労働者こそが「優良」な労働者だからだ。

結果として、日雇い派遣の労働者は、人間的な諸権利にこだわっていては仕事を得られず、今日明日の生存も覚束《おぼつか》ない、という状態に追い込まれる。本来、生存を得るための労働は、同時に人間的な諸権利の行使と両立可能でなければならない。ＩＬＯ(国際労働機関)が「世界目標」として掲げる「ディーセント・ワーク(人間としての尊厳が確保された条件下で働くこと)」とは、そのことを謳っている。しかし、今日明日の生存を得るために人間的な諸権利を放棄するというところまで追い込まれるのが、登録型派遣の状態である。生存と労働の対立は結局、前述した生存と希望・願望の対立による自分自身からの排除を惹き起こす。労働市場に対して政治が介入して強制的な規制をかけないかぎり、このような帰結が生まれることは明らかだ。

人間的な諸権利を行使できなくなっていった日雇い派遣労働者に対して、企業サイドは貪欲に利潤を追求してくる。鎧《よろい》を脱ぎ去った隙だらけの相手を剣で突くように、そうした雇用形態は、容易に労働基準法違反のさまざまな副産物を生み出していく。「データ装備費」「安全協力費」名目の違法天引きは、その最たるものだ。

最底辺の雇用状態が人々の周辺に蔓延すればするほど、より安定した雇用の基盤もまた、掘り崩されていく。「自分だけ安住できると思うなよ」という脅しが現実味を帯びてくるからだ。雇用ネットの崩壊に、歯止めをかけなければならない。

2　互助のしくみを作る——反貧困たすけあいネットワーク

労働と貧困

二〇〇七年一一月二二日、東京・六本木のクラブで「ブレッド&ローズ」と称するイベントが開催された。主催は、反貧困たすけあいネットワーク(以下、〈たすけあいネット〉)。首都圏青年ユニオンという若者を中心とする個人加盟の労働組合の書記長・河添誠氏と私が呼びかけ人になって発足させた団体である。会場には、与野党の国会議員を含め二〇〇人近くが参加。クラブは人いきれでむせ返った。若年ワーキング・プア問題に対する関心の高さがうかがわれた。〈たすけあいネット〉の活動内容は、①雇用と生活に関するメールマガジンの発行、②ワーキング・プアの互助制度の発足、③専門的な労働・生活相談への橋渡し、④若者たちの居場所作り、の四点にある。中核をなしているのは、②の互助制度である。

この互助制度には二種類ある。病気やケガで収入が途絶えたときの給付金としての「休業たすけあい金」と、生活困窮時の無利子貸付金としての「生活たすけあい金」である。〈たすけあいネット〉は労働組合の形式を取っており、組合員は毎月三〇〇円の組合費を支払うと、一日一〇〇〇円、一〇日分までの「休業たすけあい金」と、一万円の「生活たすけあい金」をそれぞれ年一回受け取ることができる（六ヵ月の組合費納入が前提）。組合費は収入や余力に応じて、月額三〇〇円、六〇〇円、九〇〇円と三〇〇円単位で選択でき、毎月六〇〇円を納めれば各二万円、九〇〇円なら各三万円を受け取ることができる。

メンバー（組合員）は、労働や生活に関する情報を週一回程度発行するメールマガジンで受け取りながら、必要に応じて「たすけあい金」を活用する。「たすけあい金」の受渡しは労働・生活相談のインテーク（導入）を兼ねていて、必要があればそこから本格的な相談につなげ、問題解決(会社との団体交渉や生活保護申請)に結びつける。同時に、メンバー間の交流や情報交換を、居場所作りを通じて促進していく、という流れを想定している。

私たちがこのような活動に着手したのは、次のような背景がある。〈たすけあいネット〉の原型となる構想は、もともと河添氏から持ちかけられた。きっかけは、労働相談を受けた母子家庭の高校生から「組合費を払うぐらいだったら家に入れたい」と言われたことだったという(河添誠・湯浅誠対談「「反・貧困」を軸とした運動を――希望は、連帯」岩波書店『世界』二〇〇八年二月号)。また河添氏からは、労働争議に結びつくような被害を受けたが、争議解決までの生活費がとうていもたない、団体交渉に参加したいが、その交通費がない、という組合員が少なくないこともよく耳にする。

労働問題に関わる活動と生活(福祉)問題に関わる活動は、久しく有機的な結びつきを失ってきたが、貧困化が進む中、生活問題を抱えた労働相談、労働問題を抱えた生活相談が増え続けている。

首都圏青年ユニオンに紹介されて〈もやい〉に来た相談には、賃金未払いを受けて会社と交渉を始め、新しい就職先も見つけたものの、最初の給料が出るまでの生活費が工面できずに生活相談に至った三〇代女性などがいた。禁止されている港湾運送業務に労働者派遣を行っていたことによる、二〇〇八年一月からのグッドウィルの業務停止に際しては、派遣ユニオンの関根氏から「業務停止のあおりを食らってしまった労働者の中で、どうにも生活が立ち行かない場合には生活保護申請につなぐしかないというケースが出るかもしれないが、その場合に〈もやい〉を紹介していいか」という打診を受けた。同じく非正規労働者を中心とする個人加盟のフリーター全般労働組合からは、ときどき住所不定状態にある組合員や、精神的な疾患を抱えて十分に働けなくなった組合員の生活相談が持ち込まれている。

「非正規労働者の組織化」といった、近年の労働組合ナショナルセンター（連合・全労連など）の主要テーマに本気で取り組むのであれば、労働問題と生活問題の連携の必要性は否定しようがない。「組織したいと思っています」と言ったところで、実際に生活に窮する場面でサポートできなければ、そのような組合に存在意義を認められないのは当然だからだ。働きながらの貧困、稼働年齢層における貧困が広がっている以上、それは必然のはずであり、二〇〇七年一〇月に「連合・非正規労働センター」が発足したことは、両者の連携を促進する本格的な契機の一つとして評価できる。できることなら、組織の枠にとらわれない広い連携が構築されることを望みたい。

自助努力の過剰

「たすけあい金」の具体的な設計には、これまでの生活困窮者の支援活動から得た経験を動員した。病気やケガによる休業の立証は、通常医療機関の領収書などで行われるだろうが、少なからぬ人たちがそもそも病院にかかれない中では、利用希望者を排除することになる。私たちの制度は「なるべく支払わない」ための保険ではない。薬局の領収書でもいいことにした。身分証確認手続きなども不要とした。「それではパンクしてしまうだろう」という運営上の懸念と、「一人でも多くの人が利用できるシステムに」とハードルを下げて社会的ニーズに対応しようという欲求との間を何度も行き来した。

どうしても外せないと考えたのが「たすけあい金」の受け渡し時における面談だった。病気で寝ている最中に「事務所まで来い」とは言えないから事後でも可としたが、やはり対面の機会は確保しておきたかった。それには「フリーライダーを防ぐ」という以上の意味があった。

「支払った者しか受け取ってはいけない」という自己責任原則が強固に内面化してしまっている現在、「手助けを求める」ことには多くの人が抵抗感を抱く。多くの人たちが、本当にどうにもならなくなるまで頑張ってしまい、その結果、本人からアクセスがあったときには問題がこじれすぎていたという事態になっている場合が少なくない。それは、一般に想像されているのとは違い、蔓延しているのが「自助努力の欠如」ではなく、「自助努力の過剰」であることを示している。所持金一〇〇円、一〇円となる前にアクセスしていいと思える場所があれば、もう少し早めに相談に来られるし、サポートもしやすい。「相談したいが、そちらに行く交通費がない」というところまで頑張ってしまう人が多すぎる。

そのとき「支払っていいたんだから受け取っていい」という心理的機制の働くことは、アクセスに当たってのハードルを大きく下げる。「たすけあい金」は、自分が支払い続けてきたことの結果として受給の資格を得る。その仕組みは、「自助努力の過剰」に押しつぶされずに給付や相談のサービスにアクセスすることを可能にする。生活保護申請には多くの人が抵抗感を持っても、失業給付を受け取るのに躊躇《ちゅうちょ》するという話は聞いたことがない。だとすれば、本来は妥当ではない「自助努力の過剰」を逆手に取るようなサポートの仕組みを考えればいい。そこで、互助制度と情報提供を通じて、接点を増やし、心理的なハードルを下げることを企図した。

「たすけあい金」の受け渡しは、相談のインテーク(導入)も兼ねている。「たすけあい金」は、休業・生活両方を使っても二万円。急場をしのぐことはできても、風邪で休んだために以後仕事を干されてしまった場合などを考えると、生活再建ができる金額ではない。それは、私たちの活動規模から来る限界である。しかし、その後の先行きが立たない場合には生活保護申請につなげるなどすれば、事態の深刻化は回避できる。それには本人の「説得」が必要である。大多数の人たちは「役所の世話になどなりたくない」と考えているからだ。「たすけあい金」を通じて本格的な生活再建につなげられれば、給付金額は「焼け石に水」の場合でも「たすけあい金」はそれ以上の意味を持ってくる。

「自助努力の過剰」という現実を踏まえつつ、その中でワーキング・プアが生活困窮に立ち至らないための互助制度を作り、それが本格的な生活再建のきっかけともなる仕組みを作ること。これが〈たすけあいネット〉の重要な目的の一つである。それは同時に「なんともならなくなるまでアクセスしない／なんとかなったら離れる」という個人加盟の労働組合やＮＰＯの外延を延長し、より多くの人たちが自身の問題を社会的な問題として捉え返す機会を提供していくことにもつながるだろう。まだ始まったばかりの新しい取組みだが、「連帯できない」と言われる若年ワーキング・プアが相互に支えあうための試みとして、今後広げていくことができればと考えている。

社会保険のセーフティネットに対応する試み

二〇〇七年に社会的な注目を集めた「反貧困」の運動は、雇用と公的扶助のセーフティネットに関わるものが多かった。グッドウィルを始めとする日雇い派遣会社への取組み(MCUもそこに含まれる)や北九州市を始めとする生活保護行政への取組み(次節参照)がそれである。それぞれの活動は、まだわずかな成果を獲得したにすぎないが、それでも報道や世論の後押しがあって、グッドウィルのデータ装備費返還(二年間分)や北九州市の保護行政の反省を伴う転換、生活保護基準切下げの一年先送りを実現した。

他方、両者の中間に位置する社会保険のセーフティネットは、それらと比べて、焦点化のされ方が異なっていた。「消えた年金」「国民健康保険料滞納」などの諸問題は社会的な大問題として注目されたが、政府の不祥事や人々のモラル・ハザードとして語られることが多く、背後にある貧困問題をクローズアップすることにはならなかった。そのため、監督官庁の民営化(社会保険庁の解体)と自己責任論(支払った者が受け取っていない/支払っていない者が受け取っているのはおかしい)の強化に帰結している感がある。「反貧困」の立場からすると、生活苦によって社会保険のセーフティネットから排除されている人々の生活実態が、依然として十分に問題化されていないと感じる。

休んだら給料を支払われない非正規労働が拡大し、失業給付からも健康保険からも排除された末に、医療にもかかれず、食うや食わずの状態に追い込まれる人たちが増えている。全国の多くの社会福祉協議会では、このような場合に連帯保証人なしで借りられる「緊急小口資金貸付制度」を設けているが、実際には要件が厳しく、利用できる人は多くない(全国社会福祉協議会「平成一八年度生活福祉資金貸付制度運営統計」によれば、二〇〇六年度は全国で一一七四件、約五五〇〇万円であり、初年度(二〇〇三年)の五三・五%にすぎない)。結局、彼/彼女らが借入れできるのは、消費者金融やクレジットローンのみとなり、そうして多重債務者が増えていく。

〈たすけあいネット〉の互助制度は、こうした状況に対する一つの問題提起としてある。第一に、現状への対応として、自分たちで互助制度を作り、身を守ること。第二に、なぜ彼/彼女らは失業給付を受けられないのか、なぜ傷病手当を受けられないのか、なぜ当座の生活資金を提供する主体が消費者金融(「貧困ビジネス」)しかないのか、を改めて問題化すること。社会保険のセーフティネットのほころび具合に、裏側からスポットライトを当てることが目指されている。

労働分野と生活(福祉)分野の連携が、社会保険のセーフティネットを焦点化するに至ったことには、必然性があったのだと思われる。私たち自身、企画当初は意識していなかったが、社会保険のセーフティネットは、日雇雇用保険が日雇い派遣労働者の生活安定に不可欠であるように、労働問題に密接に組み込まれつつ、同時に生活保護への防波堤的・予防的役割を果たしている。福祉国家とは、三層のセーフティネットが相互に補いあい、接合しあうことを通じて人々の貧困化を防ぐ国家である。労働と生活(福祉)の視点を重ね合わせて貧困を見たときに、その相互補完の欠如・未接合の中核に社会保険のセーフティネットの問題が意識されてくることは、当然と言えば当然だった。

〈たすけあいネット〉の「たすけあい金」も、〈もやい〉の連帯保証人提供も、相互扶助の取組みは、真に社会的に必要とされているものほど、行政の補完的役割を担わされやすい。相互扶助(共助)の顕彰(「美しい助け合い」)は、しばしば公的責任(公助)の不在を正当化するために〝活用〟されがちだ。しかし私たちの取組みは、決して公的責任の不在を正当化するものではない。私たちは常に問うている。「私たちでさえ可能なことを、なぜ行政がやらないのか」と。

3　動き出した法律家たち

北九州市への告発状

二〇〇七年八月二四日、私は北九州市にいた。六月に法律家(弁護士・司法書士)が中心となって発足した生活保護問題対策全国会議(以下、〈生保対策会議〉)のメンバーとともに、福岡地方検察庁小倉支部に告発状を提出するためだ。被告発人は、小倉北区福祉事務所長。「オニギリ食いたーい」の日記を遺して七月一〇日に遺体で発見された五二歳の男性の餓死事件が「保護責任者遺棄致死罪」に当たるという理由である。告発人は三六四人四団体(後に追加され、合計六八〇人)にのぼった。

いきなり告発したわけではない。二〇〇五年一月、二〇〇六年五月の二件の餓死事件を検証する「北九州市生活保護行政検証委員会」の開催期間中に発覚したこの新たな餓死事件には、辞退届の強要、生活の見通しが立っているかどうかを確認しないままでの廃止など、多くの疑義があった。それにもかかわらず、北橋市長は定例記者会見で「保護の開始から打ち切りまでの流れは基本的に問題なかった」と話し(読売新聞二〇〇七年七月一九日付)、北九州市自身による自浄作用を期待できる状態ではなかった。私たちは七月二六日に、障害者団体や非正規労働組合らとともに公開質問状を北九州市および厚生労働省社会・援護局保護課に提出したが、回答期限になっても何の返事もない。厚生労働省に至っては、提出時から「返事するかどうかもわからない」といった態度であり、このままでは真相究明はとうてい望めないと判断せざるを得なかった。

その後、数々の問題点が明るみに出た。北九州市は当初「聞いてなかった、知らなかった」

と述べていた二〇〇六年の広島高裁判決(たとえ辞退届の提出があったとしても、収入などを調べずに生活保護を廃止したのは不法と判断し、確定していた)を実は知っていた。厳しい就労指導の根拠となった所見(軽労働可能)を出したとされる当の主治医が「軽労働ならできるなどと言っていない」と異議を唱えたこともあった。北九州市が巻き返しのために実施した市民三〇〇〇人に対するアンケートでも、生活保護行政について重要な点は「必要な人に給付漏れがないようにする」ことにあると答えた人が六〇・二%(複数回答可)、市の生活保護行政に対するイメージについては「信用していない」が二〇・二%、「なんとなく不信」を加えると六八%に達した(西日本新聞二〇〇七年一〇月三日付)。

その結果、先の市検証委員会は、一二月に報告書を提出。北九州市生活保護行政のあり方を「不適切」と断じた。北九州市も、厚生労働省の指導を受ける形で、辞退届の運用見直し、数値目標(年度始めに年間の生活保護開始・廃止件数を定めて「努力目標」とする)の撤廃を決めた。

大阪・浜松・貝塚

北九州市における刑事告発の一週間後には、大阪で〈生保対策会議〉の事務局長を務める小久保哲郎弁護士らが記者会見を開いている。高額家賃を理由に申請をさせなかった大阪市西淀川区福祉事務所職員の発言を録音して、公開したのだ。職員は、申請したいという相談者に対して「申請して、却下されてどないするの。却下されるから私は保護受けれる要件がないということをお教えしてあげないかんわけや」「そんな無駄なことしたい言わはんのやったら、いろんな書類つけて出さなあかんから、あなた自身がそこまで手間暇かけたい言わはんのやったら、出さはることはあなたの権利として私は拒否も勧めもしません。ただ無意味なことに近いですよ」と、申請させないための働きかけを繰り返していた。

しかし、実際に生活保護を申請した後には、その相談者の生活保護は開始されている。「却下される」「無駄」「無意味」と繰り返していたのは、単に申請させないための虚偽の圧迫にすぎなかった。これについても、大阪市は一〇月一日、「相談者が申請書の交付を求めているにもかかわらず、「申請しても却下されると思う」「無駄」「無意味なことに近い」との対応をしたことは、不適切といわざるを得ないと認識しております」と非を認めた。ちなみに、この発言をした職員は、後日保護費を着服していたことが発覚し、懲戒免職処分を受けている(産経新聞ウェブ版二〇〇八年一月一一日付)。

その後一一月二二日には、七〇歳の野宿女性が、浜松市役所玄関前で福祉事務所職員が取り囲む中、心肺停止状態となり、翌日死亡するという事件が起こった。浜松駅地下街で衰弱している女性を発見した警察官が救急車を呼んだところ、女性は「四日間食事していない。ご飯が食べたい」と言った。病気の症状は認められなかったため、救急車が市役所入口に運んだところ、対応した福祉事務所職員らは非常用乾燥米を入口脇の路上に横たわる女性の上に置くのみで、具体的な対応方針が決まらないままその場に放置した。約一時間後、野宿者支援団体メンバーが偶然にそこを通りがかって救急車を呼んだが、すでに手遅れだった(毎日新聞二〇〇八年一月二六日、三一日付)。

浜松市は、内部で検証した結果、法令違反はなかったとして、市幹部は「残念な結果だが、市に落ち度はありません」と述べている(前掲毎日新聞)。しかし、警察官→救急隊→市職員と受け渡される経緯や事実関係、および背景としてある浜松市の野宿者への生活保護運用には、いくつか解明されるべき疑問点がある。〈生保対策会議〉は現地の法律家らと連携しながら、二月末に現地調査を行うとともに、真相究明と第三者検証委員会設置を求める集会を開催した。

さらに、二〇〇七年一二月には、大阪府貝塚市で生活保護運用に関する違法行為が立て続けに発覚した。府内最大の府営住宅戸数を有する貝塚市は、二〇〇五年から「生活保護受給者の転入を抑えたい」と府に要望、入居募集方法を切り替えていた。受給者を市外に「厄介払い」するため、四七歳の女性の入居申込書を職員が勝手に作成し、応募していた。低所得者向けの減額制度を利用して家賃四〇〇〇〇円だった七二歳の男性に、「四〇〇〇〇円ぐらい自分で出せないか」と言って、男性の同意がないまま給付を一方的に打ち切っていた(毎日新聞二〇〇七年一二月七日、一一日付)。

一説には「大阪の北九州」などとも言われ始めた貝塚市では、二〇〇五年から生活保護の被保護世帯数が減少し始めており、この他にも違法行為の蔓延している可能性が拭えない。〈生保対策会議〉はここでも、生活保護申請の個別サポートを行う近畿生活保護支援法律家ネットワークなどと合同で貝塚市生活保護問題調査団を作り、二〇〇八年二月に調査および申請同行援助を実施した。

公的扶助(生活保護)のセーフティネットを強化するために、法律家が動き出している。生活保護にまつわる問題が生じるところに〈生保対策会議〉の姿がある、という状況ができ始めている。

法律家と「反貧困」

法律家の生活保護問題に対する関与は、今に始まったことではない。「人間裁判」と呼ばれた一九五七年の朝日訴訟から、法律家たちは生活保護の問題に主に訴訟を通じて関わってきた。

しかし、それが「訴訟」という法律家の専権領域を越えて、生活保護申請同行や援助といった、より日常的な権利擁護の領域へと踏み出してきたのは近年の話である。私が関わっているホームレス問題では、それは以下のような経緯で始まった。

〈もやい〉の活動から出てきた課題の一つに、アパート入居後の借金整理の問題があった。〈もやい〉から連帯保証人の提供を受けた人たちは、アパートに入ることで住民票を設定し、ホームレス状態（住所不定状態）を解消する。しかし、住民票を設定することで浮上してくる問題があり、その一つが借金だった。

ホームレス状態にあった人たちの中には、借金問題を抱えている人がいる。それは、「五重の排除」を受けた末に貧困状態に陥り、それでも野宿はしたくないと、もがいたことによる結果である。消費者金融を始めとする業者からの借金は、最後に返済してから五年で原則として消滅時効にかかる。しかし、路上で暮らす多くの人たちは、この事実を知らない。ましてや、消費者金融が設定していた二五〜二九％の高金利が事実上違法状態にあり、利息制限法を越える部分については返す必要のないお金であるどころか、場合によっては「過払い金」として返還される事実なども知らない。アパート入居後に住民票を設定したら、一〇年前、二〇年前の借金の督促状が送られてきて、時効を援用できると知らずに債務を承認してしまうケースが出てきた。

こうした問題には、法律家による専門的な対応が必要になる。二〇〇二年秋、ホームレス状態にある人たちへの法律支援に関心を寄せる法律家たち(弁護士・司法書士)が集まって、ホームレス総合相談ネットワーク(以下、〈総合相談〉)が発足した。以後、路上や施設などで、現にホームレス状態にある人、過去にホームレス状態にあった人たちを対象に、都内各地で無料法律相談会を開催し、これまでに約二〇〇〇件の相談を受けてきた。

〈総合相談〉には、「司法過疎」問題(法律サービスの行き届かない過疎・離島地域における法律サービスの拡充)に取り組んできた法律家が多く参加している。ホームレス状態にある人たちの法律問題は「都会の中の司法過疎」問題に他ならないからだ。

リーダー格の後閑《ごかん》一博司法書士は、ジョン・グリシャムの『路上の弁護士』(白石朗訳、新潮社、一九九九年)に登場するホームレス支援の法律家、モーディカイ・グリーンを髣髴《ほうふつ》とさせる人物である。路上で暮らすという貧困状態を解消しなければ借金の解決も覚束ない、という「貧困原因の多重債務」が抱える問題性に早くから気づき、大阪の小久保哲郎弁護士らと並んで法律家による生活保護申請援助を先頭に立って展開してきた一人だ。「和解」という名の下に当事者に我慢を強いる馴れ合いや妥協を拒否するために、ある種の福祉事務所職員には蛇蝎《だかつ》のごとく嫌われているが、時間を惜しみなくつぎ込むフットワークの軽さと、ここ一番における気合で、私たちにとって非常に心強い味方であり続けている。

モーディカイ・グリーンは小説中の人物だが、アメリカでは、当事者の権利擁護に専門的に従事する法律家たちが実際にいる。前述のシプラー『ワーキング・プア』では、複数の弁護士を雇うボストン医療センター小児科部門のバリー・ズッカーマン医師が登場して、次のように述べる。

「私は、医者に支払うべき人件費を、弁護士に使っているのです。というのも、患者の治療を心から真剣に考えているからです。このような環境〔筆者注・食料切符と生活保護小切手を患者の家族に確保しなければ、子どもの栄養失調を解決できない、子どもの住居を改善することなしに、その子の喘息に完璧に対処することは不可能かもしれない、という環境〕のもとでは、弁護士に患者の面倒を見てもらう必要があるのです」

法律家は一般に、私たち市民にとって遠い存在、めったに出会わない存在だった。しかし、貧困が広がり、さまざまなサービスから排除される人たちが増えていくにつれ、日本でも日常的な生活レベルで権利擁護を行う法律家への期待は高まっている。労働分野にしろ生活保護分野にしろ、現場で起こっているのはあからさまな違法行為であることが少なくない。違法行為を指摘し、それを法的に争う職能を持つ法律の専門家は、諸々の事情から訴訟という手段にまでは訴えることのできない人々の権利擁護に重要な役割を果たすことができる。「すべり台社会」に歯止めを打ち立てる「反貧困」の活動を展開するにあたって、法律家が参加することの意義は大きい。

日弁連人権擁護大会

〈総合相談〉は、その後各地のホームレス支援の法律家らと一緒に定期的に意見交換・情報交換を行うとともに、行政による各地の強制排除に連名で警告文を提出するなど、連携を進めてきた。全国各地で徐々に新たなホームレス支援の法律家グループが生まれるなど、広がりも出てきた。二〇〇八年一月一四日には「ホームレス法的支援者交流会」が結成され、一つの団体としてホームレス問題により組織的に関わろうともしている。その活動は、路上の権利擁護とそれに不可欠な生活保護申請支援、その双方を両輪としている。

法律家、とりわけ弁護士たちにおける「反貧困」の活動の強化を見る上では、二〇〇六年一〇月に北海道・釧路市で行われた日本弁護士連合会(以下、日弁連)主催の「第四九回人権擁護大会」を欠かすことはできない。この大会で、日弁連は戦後初めて生存権保障問題をメインテーマに取り上げ、「これまで、生活保護の申請、ホームレス問題等の生活困窮者支援の分野における弁護士及び弁護士会の取り組みは不十分であったと言わざるを得ない」と反省するとともに、「今後、(中略)より多くの弁護士がこの問題に携わることになるよう実践を積み重ね、生活困窮者支援に向けて全力を尽くす決意である」と決議した(日弁連前掲書)。以後、生活保護問題を含む貧困問題に取り組む弁護士の動きが飛躍的に発展する。

人権擁護大会の最大の意義は、大会それ自体よりも、大会開催に至るプロセスにあった。日弁連では、この大会実行委員会を、生活保護問題などに取り組む人権擁護委員会と、クレジット・サラ金問題などに取り組む消費者問題対策委員会とが合同で構成した。そして、主に裁判闘争を通じて生活保護行政を改善してきた人たちと、「借りた方が悪い」という多重債務にまつわる自己責任論を三〇年かけて克服し、数度の立法運動を展開・成功させてきた人たちの経験とノウハウとが相互移入された。以後弁護士たちは、先行して「生活保護一一〇番」などを開催してきた司法書士有志(主には全国青年司法書士協議会のメンバー)と並んで、「反貧困」の主要な担い手の一つとなる。

個別対応と社会的問題提起

人権擁護大会を担った実行委員会は、その後、日弁連内に生活保護問題対策緊急委員会を設置、弁護士会としての生活保護問題への取組みを開始した。同時に、生活保護問題とクレジット・サラ金問題に取り組む法律家有志が、各地でさまざまな「反貧困」の活動を展開していく。

二〇〇七年四月には、首都圏生活保護支援法律家ネットワークが発足した。これは、代表電話を設けて、生活保護申請支援を求める電話が入ったら、相談者の近くにいる法律家を紹介し、その法律家が申請援助を行う、という常設の相談機関である。それまでも単発の電話相談会を開く試みは法律家有志によって担われてきたが、こうした恒常的な相談機関の開設は、生活保護問題に関する法律家の試みとしては全国初だった。

その後、二〇〇七年九月から二〇〇八年一月にかけて、九州・沖縄、近畿、東北、静岡、東海で同種のネットワークが続々と誕生した(二〇〇八年四月には山梨でも発足予定)。近いうちに全国のどこからでも法律家の生活保護申請援助のサポートを得られる態勢の整うことが期待される。

他方、生活保護の問題には、個々の「水際作戦」の打破だけでは追いつかない側面がある。「水際作戦」が横行する背景には、生活保護のマイナスイメージの社会的浸透があるからだ。

それは「おれは生活保護を受けながら、パチンコばかりやっているヤツを知っている」という見聞から始まって、生活保護と言えば不正受給・暴力団といったアンダーグラウンドのイメージ、生活保護受給者は税金を支払っていないのに、最低賃金で働くワーキング・プア層や年金生活者よりも所得が高いのはおかしいという「不公平感」、生活保護を受けるような人間は「二等市民」であるという差別意識まで、幅広く多様な角度から展開されている。そして、このような「市民感情」を背景に、政府は生活保護費の圧縮を計画しており、それが現場の締め付けに反映して「水際作戦」をもたらす、という悪循環をなしている。

したがって、最後のセーフティネットを強化していくためには、個別対応と同時に、生活保護制度の社会的復権を図る必要がある。生活保護制度の存在は、人々から感謝されるべきであり、「こういう制度のある国に生まれてよかった」と思われるべきなのに、どうしてここまで貶《おとし》められているのか。

〈生保対策会議〉は、そのような社会的雰囲気を転換させるための運動団体としての役割を担っている。各地で集会を開いて生活保護問題に関する啓発活動を展開しながら、前述したさまざまな告発や問題提起を行う。個別対応を行う各地の生活保護利用支援ネットワークとは車の両輪の関係に立っている。

個別対応の充実と社会的問題提起、その双方の歯車が嚙み合うことは、ある課題について社会的な動きをもたらすための極めて基本的な条件である。しかし残念なことに、一般的には両者が相互に軽視しあう傾向が散見される。個別対応に力を入れる側から見れば、社会的問題提起は現場を「お留守」にした人気取りのように見えてくるし、後者からすれば、前者は原因や構造に目を向けずに個別対応に埋没している自滅路線と見えてくるからだ。しかし、まさに両者がそうした危険性を内包しているがゆえに、お互いの弱点を補いあう連携が必要だ。

先に紹介した貝塚市の場合でも、被害者たちは「嫌がらせが怖くて抗議できなかった」と証言しているが(毎日新聞二〇〇七年一二月一一日付)、こうした声は非常に多い。解雇撤回闘争を闘う労働者と同じで、生活保護受給者は抗議の声を上げた後も福祉事務所と付き合っていかなければならない。〝仕返し〟が怖くて被害実態を訴えられず、それがまた違法行為を助長し、最後には絶対に声を上げられないところ(つまり、死)まで追い込まれる。このような悪循環を断ち切るためには、各地の生活保護支援ネットによる個別対応の充実を通じて事件性のあるケースを掘り起こしつつ、同時に〈生保対策会議〉などが中心になって社会的に訴えかけていく必要がある。「泣き寝入りしない」というメッセージが常に発信し続けられることによって、役所にも緊張感が保たれ、当事者が声を上げていく可能性も広がっていくだろう。

4　ナショナル・ミニマムはどこに？――最低生活費と最低賃金

「生活扶助基準に関する検討会」

北九州市で検証委員会の中間報告が出され、大阪市が対応の非を認めた一〇月初めから二週間後の一〇月一九日には、厚生労働省が社会・援護局長の「私的研究会」という位置づけで、「生活扶助基準に関する検討会」(以下、検討会)を突如開催した。

検討会開催が厚生労働省のホームページで告知されたのは、わずか三日前で、私たちは危うく開催の情報そのものを見逃すところだった。政府は、つい二週間前の一〇月二日には「厚生労働省は、保護基準額の算定方法の見直しの検討をしているのか。(中略)また、していないとすれば、当面検討の予定はないのか」という民主党・山井和則議員の質問主意書に対して、「御指摘の有識者会議の設置を含め、今後の具体的な検討の進め方については、現時点では未定である」と回答したばかりだった(内閣衆質一六八第二七号)。傍聴希望は電話では受け付けないとされていたが、あまりの短期間告知に電話で抗議したところ、「今回は特別に」(厚生労働省保護課の担当者)と傍聴を認められた。基本的には追い返すが、もともと無茶なことをやっているので、異議を唱える人間には「特別に」と認める。全国で横行する「水際作戦」の手法を思い起こさせる対応だった。この日から、生活保護基準をめぐる厚生労働省との二ヵ月の攻防戦が始まる。

第一回の検討会では、厚生労働省から基調となるデータが示された。それによれば、生活保護を受けていない低所得(下位一〇%)の「夫婦子一人(有業者あり)世帯」および「単身世帯(六〇歳以上)」と、同じ世帯構成の生活保護世帯を比べると、生活保護受給者のほうがより多く消費している、ということだった(より正確には、生活保護の生活扶助基準〔生活費に相当する部分〕と二〇〇四年の「全国消費実態調査」〔全国二〇〇〇〇世帯の九〜一一月の家計消費を調査したもの〕の「生活扶助支出相当額」〔生活扶助に相当する項目を抜き出したもの。食費や光熱費などで、家賃や自動車関連支出などは除いてある〕を比較)。

このデータには、次のような背景と含意があった。

① 生活保護基準は、一般世帯の消費水準の伸びに合わせつつ、概ねその三分の二程度(六〇%台後半)が維持されるように設定されてきた(「水準均衡方式」。一九八四年〜)。

② ところが九〇年代以降、不況が続く中で、一般世帯の消費水準が落ちてきているため、逆の意味でバランス(水準均衡)が失してきた。つまり、生活保護基準が相対的に高くなる

という逆転現象が生じてきた。

③国は、そうした社会情勢の中、二〇〇三年に老齢基礎年金額とともに、生活保護基準を〇・九％切り下げることを手始めに、その後生活保護の加算（老齢加算・母子加算）を削減・廃止する、多人数世帯（四人以上）の生活扶助基準を切り下げる、居住用不動産を持っている高齢者を生活保護から締め出す（「リバースモーゲージ」の導入）などの対応措置を取ってきた。

④しかし、国家財政の逼迫と「聖域なき構造改革」の下、政府内に加算や多人数世帯調整といった小手先ではなく、生活保護の本体部分である生活扶助基準そのものに手をつけるべきとの認識が生まれ、いわゆる「骨太の方針二〇〇六」（二〇〇六年七月）には「生活保護基準の見直し」を「遅くとも二〇〇八年度には実施する」と謳《うた》いこまれた。

⑤実際データを見てみれば、もっと貧しい暮らしをしている人はいくらでもいる。生活保護費を削っても死にはしない……。

厚生労働省が生活保護基準を引き下げる方向に議論を進めようとしているのは、明らかだった。

最低賃金と最低生活費

厚生労働省の主張には、大きな問題点がある。

まず、生活保護を受けていない下位一〇%の人々の暮らしの質である。厚生労働省は二つの世帯類型で生活保護のほうが高いと主張していたが、引き合いに出されている「夫婦子一人（有業者あり）世帯」で見ると、この所得グループの人たちは、子どもの教育費に平均して月七四二円しか使えていない。子どもにドリル一冊買い与えたらその月はもう何も買ってやれず、筆箱一つ買ったら、ドリルは次の月まで買えないという暮らしである。また「単身世帯（六〇歳以上）」では、一ヵ月の食費が二万二六五〇円となっていた。一日三食とすれば、一食計算約二〇〇円である。ほうれん草一束買ったらおしまい、という食生活だ。こういう世帯と比べて高いから下げていいというのは、こういう暮らしをしろということだ。それが政府の考える「健康で文化的な最低限度の生活」だと宣言するのに等しい。しかし本当に必要なことは、教育費一ヵ月七四二円、食費一食二〇〇円という暮らしを引き上げて、貧困が世代間連鎖していかない社会、年を取っても安心して暮らせる社会を作ることのはずだ。

次に、生活保護基準切下げがもたらす波及効果も勘案する必要がある。この問題の射程を理解するためには、最低賃金を引き合いに出すのがわかりやすい。

日本の最低賃金が低すぎることは、二〇〇七年に大きな社会問題の一つになった。日本の場合、最低賃金は以前から労働者の家計(生計費)を支えるに足るものではなかった。最低賃金が想定していたのは、主婦パート・学生アルバイトのいわば「お小遣い」であり、それは老齢年金が高齢者の「お小遣い」扱いだったのと対応していた。主婦・学生は、夫または親の庇護《ひご》下で生計を立てるべきもの、高齢者は子どもまたはそれまでの資産で生計を立てるべきもの、というのが日本の「常識」であり、それゆえに、以前から夫に頼れない母子世帯、親に頼れないフリーター、子に頼れない高齢者は数多く貧困化していた。

しかし、一九九〇年代を通じて雇用が融解する中で非正規労働が爆発的に増え、パート・アルバイトなどの非正規労働で家計を支えざるを得ない世帯が、一般世帯の中にも広がってきた。これを私は「一般世帯の母子世帯化」と呼んでいる。深夜のコンビニ・牛丼屋・立ち食いそば屋・ファーストフード店でのアルバイトは、私が学生だった二〇年ほど前には学生が小遣い稼ぎにやるものと相場が決まっていたが、今では四〇代、五〇代の「働き盛り」の男女が若者に混じって働く光景がありふれたものになった。

正規労働者もまた、「下には下がいる」「やりたいヤツはいくらでもいる」「おまえの代わりはいくらでもいる」と言われる中で、現在の地位を維持するためにも高い労働付加価値が要求されるようになり、労務管理・人事考査が厳しくなって、全体の労働条件が切り刻まれた。八〇年代以降のアメリカ同様、「下向きの平準化」「底辺に向かう競争(race to the bottom)」(ジェレミー・ブレッカー、ティム・コステロ『世界をとりもどせ グローバル企業を包囲する九章』加地永都子訳、イザラ書房、一九九九年)が日本でも起き、際限ない切下げ・「底下げ」が行われた。その象徴が、一方における過労死であり、他方における日雇い派遣労働――「過労死か貧困か」という労働状況――である。

さすがに「もうこれ以上は無理」という底つき状態の中で〝再発見〟されたのが、労働分野における最後のセーフティネット(底下げ・底抜け状態に対する歯止め・担保)としての最低賃金だった。

野党・労働団体は、この最低賃金をテコに格差・貧困が広がる状況に対する反撃を行い、「最低賃金時給一〇〇〇円」を掲げて運動を展開した。経済(企業の)成長と市民の生活向上がかつてのようには比例しないことがさまざまな角度から検証され、暴露され、企業の賃金支払能力も考慮して定めなければならないとされた最低賃金における生計費原則が強調された。

その結果、二〇〇七年一〇月、中央最低賃金審議会は最低賃金の大幅アップを答申した(全国加重平均一四円増の全国平均六八七円)。二〇〇二～二〇〇四年が三年連続で据置き答申だったことを考えれば前進だったが、労働者代表が求めた五〇円以上からすれば、大幅な後退である。そして「労働者の生計費を考慮するに当たっては、労働者が健康で文化的な最低限度の生活を営むことができるよう生活保護に係る施策との整合性に配慮するものとする」(同九条三項)とした改正最低賃金法が制定された。二〇〇八年春、舞台は地域別最低賃金を確定する地方最低賃金審議会に移る。

この一連の流れを踏まえて確認したいのは、人々が最低賃金にどのような機能を読み込んでいたか、そして最低賃金引上げにどんな期待を込めたか、という点である。

二つの機能を指摘できる。一つは、最低賃金に張り付いた条件で働き、暮らしている、とりわけ地方の女性たち、若者たちの生活の向上をもたらすという機能。もう一つは、労働条件全体の「底下げ」に歯止めをかけ、逆に底上げを図るためのナショナル・ミニマムとしての機能。この二つの機能が最低賃金への注目をもたらした。逆から言うと、この問題が現在最低賃金で働いている人たちだけの問題で、自分はそうではないから関係ないと考えていた人はいなかったはずだ。だからこそ、すべての働く人たちにとっての関心事となり得た。

実は生活保護基準も同じ機能を持っている。生活保護受給者の月額収入であるという所得保障機能と、日本国内で暮らす人々の最低生活ラインを定める最低生活費(ナショナル・ミニマム)

としての機能だ。しかし、後者の機能はあまり知られていない。

最低生活費としての生活保護基準

すでに述べたように、アメリカでは連邦政府が毎年「公的貧困ライン(official poverty line)」を発表し、それ以下で暮らす人たちを貧困層と定義し、その数を割り出している。連邦政府・州政府の福祉部門は、その公的貧困ラインを基点としつつ、その周辺に低所得者向けの社会福祉サービス等を配置する。

日本で「公的貧困ライン」に相当するのが、生活保護基準である。したがって日本のもろもろの低所得者向けサービスも、生活保護基準を基点に定められている。かつて自治体職員として生活保護を担当していた経験をもつ花園大学の吉永純氏は、法律や条例に生活保護基準との関係が明記してある制度の一覧を、表3と表4のような形でまとめた(「生活保護基準切り下げは、国民生活に重大な影響」日本民主法律家協会『法と民主主義』四二四号、二〇〇七年一二月)。

たとえば、就学援助。二〇〇五年で公立小中学校に通う子どもたちの一三%に当たる一三八万人が受けている就学援助は、多くの自治体で受給資格を「収入が生活保護基準の一・三倍まで」という形で設定している。また、地方税の非課税基準も「生活保護基準を下回らないように設定されることが法律上明記されている」という。さらに、吉永氏は次のように言う。

「生活保護基準が下れば、連動して住民税非課税基準額が下ることは確実である。（中略）住民税非課税を施策の対象者としている福祉施策は広範に存在するし、非課税が課税になれば、税制転用方式、たとえば地方税の課税額によって利用料や負担金を決めているすべての制度、すなわち国民健康保険料や保育料、介護保険料などが上昇する。ここでも広範な影響・被害が発生する」（同上）

こうして、どこまでも「影響・被害」は波及していく。改正最低賃金法は、この一覧の中に最低賃金が加わったことを意味しているにすぎない。

それゆえ、最低生活費の切下げは、生活保護受給者の所得を減らすだけには止まらない。生活保護基準と連動する諸制度の利用資格要件をも同時に引き下げるため、生活保護を受けていない人たちにも多大な影響を及ぼす。

しかも、収入が増えたわけではないのに就学援助等の低所得者向けサービスを受けられなくなった世帯にとって、それは実質的な負担増を意味する。その皺寄せは、食費や光熱費、交際費等の圧縮となって現われ、消費は冷え込むだろう。より低い人たちの消費実態を理由に生活保護基準を下げれば、今度はその影響でより低い人たちの消費実態がさらに下がる。つまり、

する制度，同基準を減免基準にしている制度

計算基準・減免基準（各自治体の例）	根拠
生活保護法による前年の保護基準額（生活扶助費，教育扶助費，住宅扶助費）として算出された金額を勘案して，市町村の級地区分に関わるものを乗じて得た金額を「参酌して定める」こととされている．1級地は1.0，2級地は0.9，3級地は0.8とされている	地方税法295条3項，施行令第47条の3(2)号，施行規則第9条の4②
高松市：「世帯収入が生活保護の収入基準以下で，納税が著しく困難であると市長が特に認める者」については免除（高松市税条例36条，施行規則）	
京都府：生保基準額の120％以下の場合	
国分寺市：生活保護基準の1.1倍未満・100％減免～生保基準1.5倍未満・20％減免 練馬区：生活保護基準の1.15倍未満は減免	国保77条，地方税法717条
京都市：生保基準120％以下は免除，130％以下は一部負担金の多寡により2割，4割，6割を減額 川崎市：生保基準115％以下は免除，115％超～130％以下は減額 広島市：生保基準110％未満は免除，110％以上～130％以下は減額	国保44条
高額介護サービス費，食費，保険料を1ランク下げれば生活保護にならなくて済む場合に，1ランク下げる．	施行令38条1項等
旭川市：年間収入見込額が生保基準以下，貯金が年間生保基準の2倍以下の場合，保険料を第1段階に減額	
利用料を1ランク下げれば生活保護にならなくて済む場合に，1ランク下げる．	施行令17条1項等
都立高校：生活保護世帯及び同程度の世帯は免除，生活保護の1.2倍までの世帯は5割減額	
埼玉県：最低生活費以下は減免	

国民生活に重大な影響」『法と民主主義』424号，2007年12月
る．実施自治体は必ずしも多いとはいえない

表3　生活保護基準と連動

分野	制度・趣旨
地方税	①地方税の非課税基準(均等割非課税＝全額非課税．生活保護基準以下の収入でも住民税が課税となるようになった時期が20年ほど前にあり，そうならないように定められた規定)
	②地方税の減免
	③滞納処分の停止
国民健康保険	④保険料の減免(申請減免)
	⑤一部負担金の減免
介護保険	⑥利用料・保険料の減額(境界層該当)
	⑦保険料の減額
障害者自立支援法	⑧利用料の減額(境界層該当)
公立高校	⑨授業料減免
公営住宅	⑩家賃減免

出典：吉永純「生活保護基準切り下げは，
注：①⑥⑧以外は各自治体に任されてい

どこまでいっても「下向きの平準化」さえ図られることがなく、お互いがお互いを下げあうという文字通りの「底辺に向かう競争」が展開される。私はこれを「貧困化スパイラル」と呼ぶ。

これが、最低生活費としての生活保護基準を切り下げることの意味である。わずか一五〇万人の生活保護受給者だけの問題だと考えることは、事態をあまりにも過小に評価していると言わざるを得ない。

の現物給付・現金給付・貸付に生活保護基準を用いている制度

貸付対象者(「低所得者」の範囲)	目安として生活保護基準の 1.5-2 倍が多い (例)京都市 1.8 倍/沖縄市 1.7 倍
給付対象者(「準要保護者」の定義)	生保基準の何倍以下(1.3 倍までが大多数) (例)足立区 1.1 倍/中野区 1.2 倍/宮津市 1.3 倍
貸付対象者	(例)京都市夏季歳末特別生活資金貸付制度 (貸付対象)世帯の合計収入が生活保護基準の 1.5 倍以内

知らない/知らされない最低生活費

最低賃金・最低生活費のそれぞれがナショナル・ミニマムとしての機能を持つことに着目すれば、「底上げ」か「底下げ」かという点において、最低賃金と最低生活費が一体で扱われなければならないことは、すぐにわかる。しかし、最低賃金と違って、最低生活費(生活保護基準)の話は「あれは生活保護をもらっている人の話。自分は生活保護なんて受けないし、受けるつもりもないから関係ない」と自分から切り離した上で、「本当に必要のない人がもらっているそうじゃないか」と、生活保護受給者個々人が真に保護に値するか、という問題にされやすい。

最低賃金に関しても、同様の議論はあり得る。「あいつは、もらっている分だけ働いていない」という賃金泥棒談義である。しかしそれが、最低賃金水準を決定する際に大きな影響力を及ぼすことはない。しかし、こと生活保護問題に関しては、この手の議論が隠然

表4　低所得層へ

①生活福祉資金
②就学援助
③自治体の低所得者向け貸付制度

出典：表3と同じ

たる影響力を行使し続けている。「ネットカフェ難民」の名づけ親である前出の日本テレビ・水島宏明氏は、特派員として滞在した経験のあるイギリス・ドイツに比べて、「日本では専門家による貧困・福祉の研究成果が一般の人たちや政治家らの関心事とならずに、庶民の井戸端会議での感情的な議論そのままで貧困対策を議論し合っている傾向がある。マスコミも同様で、先進国としてはあまりにお寒い現状だ」(『ネットカフェ難民と貧困ニッポン』日本テレビ出版社、二〇〇七年)と嘆いている。それが実態であり、スタートラインにさえついていない日本の貧困問題の位置づけを反映している。

背景にあるのは、多くの人が最低生活費を具体的に知らない、という一事である。しばしば誤解されているが、憲法二五条で定める「健康で文化的な最低限度の生活を営む権利」は単なる御題目ではない。憲法二五条の具体化として生活保護法があり、生活保護法にしたがって厚生労働大臣告示で毎年生活保護基準が改訂されている。世帯ごとに、一〇円単位まで最低生活費が決められている。それが、憲法二五条に基づいて国が一つ一つの世帯に保障している金額、「これを下回ったら国が責任を持つ」と宣言している金額である。

ところが、日本ではほとんどの人がこの最低生活費を知らない。具体的金額となると、福祉事務所の生活保護担当職員以外で知っている人にはほとんど会ったことがない。実際、最低生活費の計算方法はやや複雑である。住んでいる地域、世帯人数、それぞれの年齢、障害者・妊婦・小中学生の子がいるかどうか、などで金額はすべて変わってくる。しかし、それにしてもこの「知られなさ」は異常である（最低生活費の計算は、巻末掲載の〈もやい〉ホームページで自動計算ソフトをダウンロードできるので、活用してもらいたい）。

何よりも「知らされていない」ことが大きい。たとえば、自治体の広報紙やホームページに最低生活費の計算方法が載っているのを見たことがあるだろうか。「生活保護基準は、あなた自身の最低生活費を定めているんですよ」と言われたことがあるだろうか。おそらく、ほとんどの人がそのような経験を持っていない。それゆえ、最低生活費としての生活保護基準にも関心を持てないできた。その結果、この問題は「最低賃金や老齢年金より生活保護のほうが高いのはおかしいんじゃないか」といった低所得者間の「格差」の問題としてばかり語られてきた。「底上げか、底下げか」ということは議論の俎上に載らないできた。しかし、それこそが狙われているとも言える。

すでに触れたように、改正最低賃金法には「生活保護に係る政策との整合性に配慮して」という文言が盛り込まれた。問題は「整合性」だとされている。「整合性」は、最低賃金を上げなくても取ることができる。最低生活費を下げればいいからだ。そして実際に厚生労働省は、より貧しい人たちの存在を引き合いに出して、生活保護基準を切り下げようとしてきた。ブレッカーらの言う「下向きの平準化」、低い方に合わせる、というのを地でいったわけだ。

最低賃金の引上げを一生懸命言っている労働団体や「底上げ」を歓迎した世論が、最低生活費の話を生活保護受給者だけの問題だとして素通りするとすれば、非正規労働者を切り捨ててきたことによるかつての過ちを、もっと大規模な形で繰り返すことになるだろう。

生活保護基準の切下げは、医療難民・介護難民・ネットカフェ難民が大量発生する二一世紀日本において、国民健康保険料や介護保険料を支払えない人たちを増やす。また貧困の世代間連鎖を強めることによって将来に希望を持てない、低学歴・非正規の不安定就労者を増やし、ひいては生活そのものが成り立たなくなったネットカフェ難民を増やす。さらに、そのような状態で進んで子どもを作ることはできないから、少子高齢化を進める。厚生労働省が難民化と少子高齢化を推し進めてどうするのか。

検討会と「もう一つの検討会」

一〇月一九日の第一回目の「生活扶助基準に関する検討会」から毎回、反貧困ネットワーク

(終章参照)のメンバーを中心に、障害者・非正規労働者・シングルマザー・ホームレスなどに関わる諸団体の有志たちが検討会場前に集まって抗議の声を上げ続けた。

しかし、検討会は一一月三〇日、締めくくりに慶應義塾大学・樋口美雄委員長が「今朝の新聞でも、一部には、検討会は給付水準の引下げを容認したというような表現で報じられているところもあるが、別にこれは容認するも何もなく、我々はあくまでも客観的に現状がどうなっているかということを検証しているのであって、比較基準の取り方によって結論も変わり、また本文中にも「これまでの給付水準との比較も考慮する必要がある」と明記されたところであり、基準の決定については、それは政策、あるいは行政当局がするものだと考えている。その点については再度確認させていただきたい」(厚生労働省ホームページ「検討会」第五回議事録)と述べて、予定通り終了した。

その一時間後には、舛添要一厚生労働大臣がさっそく「(生活扶助の水準は)若干、引き下げる方向の数字が出ると思う」「非常にきめの細かい激変緩和措置をやって、若干下がるにしても明日から立ちいかなくなることは絶対に避けたい」と発言した(朝日新聞・読売新聞ウェブ版二〇〇七年一一月三〇日付)。「緩和措置」は取るが「激変」させる(老齢加算を三年かけて段階的に削減し、廃止したように)ということだ。徐々に慣れさせていけば、どれだけ切り下げても死にはしない、と言っているようなものだった。江戸時代の統治者が言ったという「生かさぬよう、殺さぬよう」を思い浮かべた。すべて厚生労働省のシナリオ通りだった。

検討会は、厚生労働省に対する歯止めにはならなかった。この日から、私たちの活動の舞台は厚生労働省から国会に移った。検討会のお墨付きを得た厚生労働省を止められるのは、もはや国会しかなかったからだ。以後二週間、私たちはほぼ毎日のように国会に通った。

社民党・共産党が基準切下げに反対であることは知っていた。民主党は、以前から連絡を取っていた山井和則議員らの働きかけで、一二月五日、当事者の声を聞くヒアリングが開催され、政調会長およびネクスト厚生労働大臣名での「生活保護基準の引き下げに反対する(談話)」が出された。公明党も、遠山清彦参議院法務委員長らの協力で、一二月六日のヒアリング開催にこぎつけた。もともと「「最低年金や最低賃金の話に力を入れようという時に、全く逆の話だ」(公明党幹部)と、この時期の引下げ論議に迷惑顔だ」(朝日新聞二〇〇七年一二月一日付)と報じられていた公明党の感触は悪くなく、個々の議員の中には「反対」を明言する人もいた。自民党では、尾辻秀久参議院議員会長と会い、自民党内での担当者を決めてもらった。自民党議員本人とはほとんど会えなかったが、私が会った自民党議員の中では尾辻氏がもっとも理解があったと思う。「放っておいていい問題とは思わない」と厚生労働省に対する不快感を示していた。

また、第一回検討会当日に〈生保対策会議〉が抗議声明を出したのを皮切りに、弁護士会・司法書士会・市民団体からも数々の反対声明が出た。一二月に入ってからは、西日本・中国・神奈川・信濃毎日など各地方新聞社説で反対の意思表示が相次ぎ(ただし、全国紙はついに反対社説を載せなかった)、連合や中央労福協(労働者福祉中央協議会)なども反対の意思を明確にした。

一二月七日には「今の「検討会」には民意がない!」と銘打って、私たち自身の手による「生活扶助基準に関するもう一つの検討会」を開催した。短期間の告知にもかかわらず、一六〇人以上の参加者と多数のマスコミ取材陣が訪れ、十数名の当事者がそれぞれの思いを語った。もともと、この企画は検討会場前でいつも行っていたリレートークの際に思いついた。検討会場前に集まる人たちの発言は、それぞれに生活と実体験に裏打ちされた重みがあり、私はいつもそれを聞きながら「こういう声こそが検討会で披露され、学者や役人に聞かれるべきだ」と感じていた。当事者の声に耳を傾け、その生活実態を知ることこそ、今の生活保護基準が妥当かどうかの何よりの検討材料となるべきである。

子どもの進学費用を確保するために消費を切り詰めた生活をしていたら、それが「より貧しい人がいるのだから」と生活保護切下げの材料に使われた。自分たちはそんなつもりで生活しているのではない、と憤る生活保護を受けていない母子家庭の母親がいた。出産援助に始まって、就学援助・住民税非課税・国保税減免などを受けてきて、今子どもは授業料減免で公立高校に通っている。生活保護基準を引き下げられれば、私たちの暮らしが直撃されてしまうと訴える母親もいた。五〇年間板前として全国を渡り歩いてきて、年金も受けられず生活保護になったらこんな仕打ちを受ける、と嘆いた高齢者がいた。それぞれの訴えが、切実さに満ち、あっさりと人々の暮らしを切り捨てようとする厚生労働省への怒りに満ちていた。

「一年先送り」と今後の課題

一二月九日、産経新聞は「政府・与党は九日、平成二〇年度から引き下げを検討していた、生活保護費のうち食費や光熱費など基礎的な生活費となる生活扶助の基準額について、見送る方針を固めた。ただ地域間の基準額の差を実態に合わせ縮小するなどの微修正は行う。生活保護費全体の総額は維持される見通しだ」と、引下げ見送りの報道をした。その後、他紙でも同様の報道が相次ぐ。

全体に「決着した」とのムードが広がったが、地域間格差に関する「微修正」の問題は残っていた。厚生労働省は、検討会の中で大都市部の基準額を下げ、農村部を上げるためのデータも提出していた。生活保護受給者が都市部に集中していることを考えると、それは実質的な基準切下げを意味している。都市部切下げを明言する報道も出た。見送りムードが漂う中「地域間格差の是正」という通りのいい名目の下に実質的切下げが強行される可能性があり、そうなると「総額維持」も疑わしくなってくる。私たちは、一二月一四日にもう一度全与党議員に「見送り〝骨抜き〟」に警鐘を鳴らす文書を配布した。

それに先立つ一二月一一日には、検討会委員全員が連名で「『生活扶助基準に関する検討会報告書』が正しく読まれるために」と題する文書を発表した。報告書で周辺的な位置づけしか与えられていなかった引下げ慎重意見を、改めて抜き出してまとめた文書だった。言葉は慎重に選ばれているものの、実質的に検討会委員が基準切下げに反対を表明したものであることは間違いなかった。厚生労働省が自ら選定・招集した学識経験者から、厚生労働省自身に対する実質的な反論が出る、という異例の事態だった。

世論・マスコミ・法律家・学者、そして検討会自身からも異論が続出した結果、自公両党の政調会長は、一二月一九日、最低生活費切下げをすべて見送る方針を決めた。同席していた舛添要一厚生労働大臣は不満顔だったという。第一回検討会からちょうど二ヵ月後だった。

「見送り」は活動の成果だったが、あくまで「一年先送り」にすぎない(朝日新聞一二月二〇日付)。今回失点した厚生労働省が、二〇〇九年度に向けてもう一度態勢を立て直してくることは間違いない。低所得世帯との比較・検証という同じ手法は、もう使えないだろう。最低生活保障年金の話題も出始めている現在、税制と社会保障をめぐる議論全体の中で、年金制度や消費税論議と一体的に切下げを出してくる可能性が高い。背景にあるのは「社会保障給付費年間自然増分二二〇〇億円を抑制しつづける」という政府方針である。これがあるかぎり、たとえ最低生活費が維持されたとしても、どこかの社会保障分野が犠牲になり、結果的に貧困化は推し進められていく。

二〇〇七年は厚生労働省の失策も手伝って押し留められた私たちも、二〇〇八年に同じやり方が通用するとは思っていない。まずは生活保護基準の問題を最低生活費の問題として、市民生活の「底上げなのか、底下げなのか」という図式の下、最低賃金等と一括して捉える世論を形成すること。「社会保障費削減か、消費税率引上げか」という財務省の用意する選択肢それ自体を問い直し、八〇〇兆円と言われる国家負債の原因と内容を明らかにすること。「国際競争に生き残るためには仕方なかった」と依然として唯一自己責任を免れ続けている財界の自己責任を検証し、「会社はだれのものか」と改めて問いかけること。そうした検証や行動を通じて、アメリカ式ではない「国の在り方」を考えること。課題は多い。

二〇〇八年一月二二日、自民党の尾辻秀久参議院議員会長は「乾いたタオルを絞っても（これ以上)何も出ない。二〇〇九年度予算では削減しないと約束してほしい」(朝日新聞ウェブ版二〇〇八年一月二三日付)と、社会保障費削減方針そのものを批判した。与党内のこうした声をも活用しながら、人々があたりまえに生きていける社会を構築していかなければならない。

〈生保対策会議〉は二〇〇八年夏、クレジット・サラ金被害者連絡協議会(以下、被連協)などと共催で「反貧困全国キャラバン」を行い、各地でナショナル・ミニマム確立に向けた運動を促すキャンペーンを実施する予定だ。また、中央労福協とも「人間らしい労働と生活を求める連絡会議」(通称・生活底上げ会議)を設置する。問題の大きさに見合った社会的布陣を整えていく必要がある。

終章　強い社会をめざして――反貧困のネットワークを

新田さんの願い

第一章で紹介した新田久さんは、その後〈生保対策会議〉の主催する集会に参加し、次のように発言した。

「もし今、一時的にそれら〔筆者注・労働者の保護・安全・生活の保障をすること〕で社会保障費が増えたとしても、このまま貧困層が拡大・増殖して、国力の低下・社会不安・技術力の低下を招くより、さらなる一〇年後二〇年後を見据え、派遣労働者・貧困層を救済するほうが国力の向上をもたらし、社会不安をなくし、より明るい未来をもたらすと信じます」（生活保護問題対策全国会議編『市民の力で貧困を絶つ！　貧困に抗する力を広げていこう』全国クレジット・サラ金問題対策協議会、二〇〇七年）

また、こうも言っていた。

「バブル崩壊という戦後最大級の不景気がありました。そのとき、銀行・大企業はほとんど自力での復活が無理なとき、何十兆円もの国民の血税を投入し、もちろん国民には何ひとつ還元されず、そして労働力は非正規活用《ママ》を、大企業が採用し、こんにちの貧困層・ネットカフェ難民という副産物を多量に作りました」(同上)

私は「ネットカフェ難民」の当事者だった彼の指摘に全面的に賛成する。

政財界は「企業成長なくして、国民生活の安定・向上なし」と言う。しかし、実際にこの十数年で起こったことは「国民生活の安定・向上」を切り崩すことによる、企業のバブル後遺症からの回復だった。「厳しい国際競争の中では、これ以外に選択肢はなかった」と経営者たちは言う。選択肢はなかったから自己責任もない、という理屈である。しかし、本当に経営者に自己責任はないのか。

新田さんも私たちも、特段の要求をしているわけではない。労働基準法、生活保護法、そして憲法。それらの基本的な法を守ってもらいたいと言っているにすぎない。普通に暮らせる社会にしたいと願っているにすぎない。それをも「甘え」や「怠惰」の証だと言って私たちの〝溜め〟を奪い続けるのであれば、いつか必ず社会全体の地盤沈下となってわが身に返ってくるだろう。それがこの間の教訓である。

炭鉱のカナリア

この点に関しては、私がいつも苦々しく思い出す事柄がある。

一九九〇年代後半に路上で活動していた私は、「失われた一〇年」と言われる九〇年代を通じて、日本社会の中に野宿者（ホームレス）が増え続けていく様を目撃していた。

路上で活動していれば、野宿生活がいかにキツイかは、すぐにわかる。冬場にしんしんと底冷えが伝わってくるコンクリートの上に体を横たえていれば、「好きでやっているのか、やむを得ないのか」といった論議が、いかに抽象的なおしゃべりであるかは、体で理解できる。

失業を主たる原因とする野宿者の存在は、日本のセーフティネットの機能不全を告発していた。一人前の福祉国家であれば、失業と野宿の間には膨大な「距離」がある。社会保険・公的扶助のセーフティネットがあり、さまざまな福祉サービス・民間団体のネットがあるからだ。つまり野宿者の存在は、日本社会の「底抜け」ぶりを裏側から立証していた。

しかも、貧困問題が一般に「見えない」ことを特徴としているのに比して、野宿者は「見える」存在だった。大都市で野宿者のテント化が進んだ九八〜九九年にかけては、多くの人が公園にブルーテントが急激に増えていく様子を目撃していたはずだ。野宿者は、日本社会の中でいかに貧困が進行しているか、日本社会が「どえらい」ことになってきているかを、「見える」形で示す非常に特異な存在だった。いわば、炭鉱の中で真っ先にガス漏れの異常事態に気づくカナリアの役割を果たしていた。

しかし、日本社会はその警告を無視した。野宿者の存在を社会全体の問題と受け止めず、「変わり者が好きでやっている」と自己責任論で片づけた。フリーターも同様だ。リクルートが「フリーター」という言葉を作った八〇年代末から九〇年代を通じて、フリーターは一貫して増え続けたが、それを社会全体への警告として受け止めることは、つい最近までなかった。労働組合は、増え続ける非正規労働者を自分たちへの脅威と考えることはあったとしても、ともに手を組む相手とは捉えなかった。

先駆けて警告を発する者たちを自己責任論で切り捨てているうちに、日本社会には貧困が蔓延してしまった。最近になってようやく、切りつけていたのが、他人ではなく自分の手足だったことが明らかになってきた。野宿者が次々に生み出されるような社会状況を放置しておくと、自分たち自身の生活も苦しくなっていく。労働者の非正規化を放置し続ければ正規労働者自身の立場が危うくなる、と気づき始めた。しかし同時に、今度は「生活保護受給者がもらいすぎている」「給食費を払わない親がいる」と、依然として新たな悪人探し、犯人探しに奔走してもいる。

手近に悪者を仕立て上げて、末端で割り食った者同士が対立し、結果的にはどちらの利益にもならない「底辺への競争」を行う。もうこうした現象はたくさんだ。また同じことを繰り返すのだとしたら、私たちはこの一〇年でいったい何を学んだのか。

強い社会を

少なからぬ人たちの〝溜め〟を奪い続ける社会は、自身の〝溜め〟をも失った社会である。アルバイトや派遣社員を「気楽でいいよな」と蔑視する正社員は、厳しく成果を問われ、長時間労働を強いられている。正社員を「既得権益の上にあぐらをかいている」と非難する非正規社員は、低賃金・不安定労働を強いられている。人員配置に余裕のない福祉事務所職員とお金に余裕のない生活保護受給者が、お互いを「税金泥棒」と非難しあう。膨大な報告書類作成を課されて目配りの余裕を失った学校教師が子どものいじめを見逃す。財政難だからと弱者切捨てを推し進めてきた政党が、主権者の支持を失う。これらはすべて、組織や社会自体に〝溜め〟が失われていることの帰結であり、組織の貧困、社会の貧困の表われに他ならない。

障害者の人たちが長年かけて浸透させてきた概念の一つに「バリアフリー」がある。誤解してはいけないのは、駅にエレベーターをつけたり、歩道の段差をなくすこの「バリアフリー」は、障害者の人たちが「かわいそう」だから進めるのではない、ということだ。少なくとも障害者の人たちは、そうは主張していない。医療過誤訴訟やハンセン病問題にも取り組んできた弁護士・八尋光秀氏は次のように書いている。

「変わらなければならないのは、不具合を不具合のまま続けている社会のほうです。（中略）なすべき社会の援助がうまく機能していない。そのような意味で社会に「障害」はあるし、「障害」は人間ではなく社会のほうにしかないということです」（八尋光秀＆精神科ユーザーたち『障害は心にはないよ社会にあるんだ――精神科ユーザーの未来をひらこう』解放出版社、二〇〇七年）

少なからぬ人々が普通に外を出歩けない状態は、その人たちの側に「問題」があるのではなく、社会の側に「問題」がある。その意味で、社会の「障害」、社会の「不自由」である。そして、この考え方はそのままアマルティア・センの貧困観と結びつく。普通に外を出歩くという「機能」を達成するための「潜在能力」を奪われているという意味では、これは貧困問題でもある。

人々に働く場所や住むべきアパートを確保できないという社会の不自由、社会の〝溜め〟のなさによって、野宿者や「ネットカフェ難民」が生み出されている。貧困問題も、本人の「問題」ではなく、社会の「問題」である。八尋氏に倣って次のように言うことができる。「貧困は人にはないよ、社会にあるんだ」。

なぜ貧困が「あってはならない」のか。それは貧困状態にある人たちが「保護に値する」かわいそうで、立派な人たちだからではない。貧困状態にまで追い込まれた人たちの中には、立派な人もいれば、立派でない人もいる。それは、資産家の中に立派な人もいれば、唾棄すべき人間もいるのと同じだ。立派でもなく、かわいくもない人たちは「保護に値しない」のなら、それはもう人権ではない。生を値踏みすべきではない。貧困が「あってはならない」のは、それが社会自身の弱体化の証だからに他ならない。

貧困が大量に生み出される社会は弱い。どれだけ大規模な軍事力を持っていようとも、どれだけ高いGDPを誇っていようとも、決定的に弱い。そのような社会では、人間が人間らしく再生産されていかないからである。誰も、弱い者イジメをする子どもを「強い子」とは思わないだろう。

人間を再生産できない社会に「持続可能性」はない。私たちは、誰に対しても人間らしい労働と生活を保障できる、「強い社会」を目指すべきである。

人々と社会の免疫力

この十数年間、強い社会は、新自由主義政策によってもたらされると言われてきた。新自由主義政策とは、あらゆるものを市場化していく資本の運動を積極的に推奨・推進する政策を指す。日本における新自由主義政策は、中曽根政権下の国鉄民営化によって本格化し、小泉政権下の郵政民営化によって一つのクライマックスを迎えた。国営事業の民営化は、その核となる政策である。国営事業は、市場原理が十分に浸透しない最大の領域だからだ。介護、刑務所、学校……その他にもあらゆるものが民営化され始めている。

もう一つの核が、規制緩和である。大規模小売店舗法(大店法)の緩和や農業規制の撤廃などで、自由競争を促す。中小・零細企業や自営業を保護していたさまざまな政策を撤廃し、大企業・多国籍企業が市場原理を追求できる領域を拡大した。

民営化(私企業化。privatization)と規制緩和によって、さまざまな市場外領域を市場化していくことは、自由な競争による効率化のために必要だと言われてきた。「護送船団方式」が象徴的なターゲットになった。遅い船に進行を合わせるように、弱者切り捨てをしないというこの方式は、効率化を損なう悪平等の象徴として槍玉に挙げられた。効率が悪く、船足が遅いものは切り捨てる。そうでないと全体が生き残れないとされ、その考え方は教育にも適用された

(斎藤貴男『機会不平等』文藝春秋、二〇〇〇年)。それは、人の生も市場原理(効率)で計られるようになったことを意味している。スムーズに物事を進める快適さが何よりも優位し、円滑な進行を妨げるさまざまなものが排除されていった。「どんくさい」こと、「KY(空気が読めない)」なことが、人としての欠点となった。

しかし、「効率的なもの」が勝利する社会は、必ずしも自由な競争を実現しない。その「効率」は少なからぬ場合、資本投下によって生み出されているからだ。多くの資本を投下されたものが、望ましい効率性を身にまとい、市場で生き残り、そこで蓄積された富が次の効率性を生産する。企業は国からさまざまな優遇措置を受けて、子は親から高い教育費をかけてもらって、初めて市場的な優位を獲得している。

その結果、生まれたときからスタートラインが異なるという「機会不平等」が存在し、セーフティネットの崩壊(「すべり台社会」化)と生活保障なき自立支援(「再チャレンジ政策」)がそれに追い討ちをかけている。社会全体の貧困化が進み、野宿者・「ネットカフェ難民」が増え、刑務所がいっぱいになり、児童虐待が増え、子が親を殺し、親が子を殺し、自殺が増えている。社会はさっぱり強くなっていない。〝溜め〟を奪われた人々は、体力が落ち、免疫力が低下し、短命化する。貧困を生み出し続ける社会も同じだ。

貧困は、同時に戦争への免疫力も低下させる。先に触れた堤未果氏は、アメリカでは、軍隊が特に貧困層の若者をターゲットに勧誘を強化していると指摘しているが、その中で「ハイランドドパーク高校の教師と親の会」の会長ティナ・ウェイシャス氏は次のように述べている。「政府はちゃんとわかっているんです。貧しい地域の高校生たちがどれほど大学に行きたがっているかを。そしてまた、そういう子の親たちに選択肢がないこともね」（前掲『ルポ 貧困大国アメリカ』）。若者を戦争に駆り出すために、徴兵制や軍国主義イデオロギーよりも効果的な方法がある。まともに食べていけない、未来を描けない、という閉塞した状況に追い込み、他の選択肢を奪ってしまえば、彼／彼女らは「志願して《ボランタリーに》」入隊してくる。

こうした状況は、日本でも生まれ始めている。私のところには自衛隊の募集担当者から積極的なアプローチがある。ターゲットが〈もやい〉に相談に来るワーキング・プアの若者たちであることは明らかだ。新田久さんも自衛隊経験者だった。野宿者の中にも、少なからぬ数の自衛隊経験者がいる。軍隊が好きだったわけではない。理由はただ一つ、「食べていくため」だ。

日本は、類稀《たぐいまれ》な被爆（戦争）体験をしたことによって平和への意識が高まった。しかし同時に、類稀な高度経済成長を体験したことによって貧困問題を忘れた。そのためこの数十年間、両者を結びつけて考えることが少なかった。平和と戦争の問題は、平和に対する意識の問題、戦争体験の有無の問題として語られる傾向が強かった。しかし貧困が広がる中、それだけでは足りないことが徐々に明らかになってきている。

他の多くの国において「貧困と戦争」はセットで考えられているテーマである。日本も遅ればせながら、憲法九条(戦争放棄)と二五条(生存権保障)をセットで考えるべき時期に来ている。衣食足るという人間としての基本的な体力・免疫力がすべての人に備わった社会は、戦争に対する免疫力も強い社会である。

反貧困のネットワークを

どうすれば、人の、そして社会の〝溜め〟を増やすことができるのか。その一端を本書で記してきたつもりである。それは、人々の支え合いの強化、社会連帯の強化、そして公的セーフティネットの強化を通じて果たされる。ただし、人々の支え合い・社会連帯は、公的セーフティネットの不在を補完・免罪するための家族・地域の抱え合いではないし、現役世代の社会保険料負担を重くし、引退世代の社会保障給付費を抑制するといったことでもない。

一九九五年の社会保障制度審議会勧告(「社会保障制度の再構築——安心して暮らせる二一世紀の社会を目指して」)が「社会保険料や租税といった公的負担による保障が増大すれば個人や企業の

私的負担は軽減され、逆に前者を抑制すれば後者は増える」と述べて以降、社会保障分野における自立と社会連帯(自助と共助。福田政権のスローガンでは「自立と共生」)が強調され、行政の公的責任(公助)は後景に退いた。財源がないからガマンしよう、企業が十分に成長するまでガマンしよう、と言われて黙らされてきた。

自助・共助の過度の強調は、これまで述べてきた「自助努力の過剰」や家族内の軋轢を生み、個人消費の低迷、さまざまな悲劇、社会と国家の弱体化を招く。私たちの目指す支え合い・社会連帯は、個人・団体・社会の〝溜め〟を増やし、政財界に言い逃れをさせないための、物言う支え合い、異議申立てする社会連帯でなければならない。

そのために、私たちは二〇〇七年一〇月、反貧困ネットワークを結成した。反貧困ネットワークは、さまざまな分野で活動してきた諸個人によって構成されている。代表は長年多重債務問題に取り組んできた全国クレジット・サラ金問題対策協議会の宇都宮健児弁護士、事務局長が私、そして副代表はしんぐるまざあず・ふぉーらむの赤石千衣子氏、作家の雨宮処凛氏、フリーター全般労働組合、グッドウィルユニオンの梶屋大輔氏が務める。その他、障害者の権利擁護を進めるDPI日本会議・難病の会の山本創氏、被連協の本多良男氏、首都圏生活保護支援法律家ネットワークの森川清氏、〈生保対策会議〉の猪股正氏、首都圏青年ユニオンの河添誠氏、貧困研究会の杉村宏氏、それに連合の小島茂氏、全労連の伊藤圭一・佐藤幸樹氏、中央労福協の北村祐司氏らである。

本書で述べてきたさまざまな活動は、もともとは反貧困ネットワークの準備過程で集まってきた人たちとのつながりから生まれている。

反貧困ネットワークの趣旨は、正式結成前の準備過程において開催した二度の「もうガマンできない！　広がる貧困」集会(二〇〇七年三月二四日、七月一日)の内容に示されている。

三月二四日の集会では、複数の問題が一人の上に折り重なって生じている様を中心に、九人の当事者が貧困の実態を語った。夫の多重債務が原因で離婚して母子家庭となり、パートで働いても十分な収入が得られずに保育料を滞納してしまい、福祉事務所へ相談に行ったら追い返され、生活を維持するために自らも多重債務者になる、といった複合的な困難を生きている人たちが現実に存在する。〝溜め〟があれば個々のトラブルを一つずつ処理することも可能となるが、貧困状態はそれを許さない。失業したらすぐに家賃が払えなくなってしまうというように、一つのトラブルが次々と異なるトラブルを誘発し、容易に進退窮まる状態まで追い込まれる。

問題は相互に連関し、絡み合っている。それを多重債務問題か、シングルマザー問題か、パート労働者問題か、保育料滞納問題か、生活保護問題かと切り分けることは、便宜的な意味しか持たない。各分野で活動する諸団体が、それぞれの課題が相互に結びついていることを確認し、連帯の必要性を共有することがこの集会の目的だった。

七月一日の集会では、二九日に迫った参議院選挙を視野に、「作られた対立を超えて」をテーマにして、再び多くの当事者の主張を聴いた。無年金障害者と生活保護受給者、過労死正規労働者遺族と非正規労働者、給食費を滞納した母親と学校教師、という組み合わせだった。「年金より生活保護が高いのはおかしい」と言われるが、年金も受け取れない無年金障害者が本当に生活保護の引下げを望んでいるのか。正規労働者が安定した地位で安穏としていて、非正規労働者は好きでやっているのか。学校給食費を滞納した母親のことを学校教師はどう考えているのか――対比・対立させられがちなテーマについて、それぞれの当事者が「自分たちが望んでいるのは、そんなことではない」と話してくれた。

先にも触れたように、このような「対立」のリストは、他にいくらでも増やすことができる。日雇い派遣会社の内勤労働者と日雇い派遣労働者、生活保護受給者と福祉事務所職員、社会保険庁職員と年金生活者、大企業正社員の父親とフリーターの子、外国人研修生・実習生と日本人失業者などである。「おれのほうが大変だ。おまえは楽している、怠けている、あるいは既得権益の上にあぐらをかいている」と言い出せば、双方が相互に引き下げあう「底辺への競争」「下方への平準化」にしか帰結しない。たとえ首尾よく相手を引きずり下ろしたとしても、自分の暮らしはよくならない。私たちが求めているのは、誰かを引きずり下ろすことではなく、貧困問題を解決することだ。そのことを当事者自身の言葉で語ってもらった。

そして私たちの矛先は政治に向かう。集会スローガンの一つは「貧困問題に取り組まない政治家はいらない」だった。

日本社会が自らの貧困を克服するために、全国各地で組織の枠を越えた広範なネットワークが結成され、社会に訴えかけていくことを望みたい。

貧困問題をスタートラインに

先に、日本はまだ貧困問題のスタートラインに立っていない、と書いた。首相が施政方針演説で貧困問題の存在に触れない、政府が国内の貧困の実態を調査しない、そして市民の多くが自分たちの最低生活費を知らない、という状況では、貧困問題についての具体的な議論を行うことは難しい。

政府は些細な問題だと言う。しかし、本書で紹介してきた各種統計・調査でも、問題の深刻さは十分に示唆されている。何よりも、私たちの周りには、日々「すべり台」を落ちていく人たちがいる。日本社会はいつまで、その人々がすべり落ちるのをただ黙って見送る社会であり続けるのか。

「活力ある社会を」とは誰もが唱えることだが、少子高齢化が進む中で、人々の〝溜め〟を増やすこと以上に活力ある社会の実現に資することが他にあるだろうか。「貧困撲滅キャンペーン」が国家規模で、首相官邸に特別チームを設置して取り組まれたとしてもおかしくはない状況である。

二〇〇七年末、貧困は「大した問題ではない」と言い張っていた竹中平蔵氏が「まずは貧困調査を行って原因をつきとめることが急務で、その上で対策を講じるべきである」と、「貧困調査」を口にした(「福田政権の復古主義を阻め」『文藝春秋』二〇〇七年一二月号)。日本経団連も「市場原理は万能でもなければ、完璧でもなく、さまざまな課題を抱えている。法の遵守はもちろん、倫理規範が共有されていなければ、そもそも市場は成立しない。また、格差や貧困といった影もある」と、公式文書でおそらく初めて「貧困」という言葉に触れた(『二〇〇八年版経営労働政策委員会報告』二〇〇七年一二月)。ますます多くの人たちが、立場にかかわらず、貧困の存在を否定できなくなってきている。残るは政府のみだ。

貧困の存在を認めたからといって、貧困問題に対する真に効果的な対策が打たれるとは限らない。それは「貧困大国アメリカ」(堤未果)の姿を見れば明らかだろう。しかし、日本はそれ以前なのだ。走る方法や速さを云々する前に、とにかくスタートラインに立たないことには、話にならない。日本には貧困があり、そしてそれは「あってはならない」こと。ここまでを認めるのに、右も左もないはずだ。なぜならそれは世界の常識、「グローバル・スタンダード」だからである。

反貧困ネットワークには、シンボルキャラクターがいる(図15)。これは、オバケである。なぜオバケかと言えば、貧困は「ある」と「ない」の間にあるからだ。これを私たちは「ヒンキー」と名づけた。

図15　ヒンキー

ヒンキーには物語がある。ヒンキーは、世の中みんなが無関心だと、怒ってどんどん増殖していきますよ。世の中の人たちがヒンキーに関心を寄せて、ヒンキーをどうするかと議論し、あの手この手を考えていけば、ヒンキーはいずれ安心して成仏してくれます。ヒンキーを成仏させてやってください。貧困の最大の特徴は「見えない」ことであり、そして貧困の最大の敵は「無関心」です。どうか貧困問題に関心を寄せてもらいたい。それが、今日からでもできる「反貧困」の活動の第一歩です――というものだ。

　貧困問題は、「ある」か「ない」かの勝負だと述べた。岩田正美氏が指摘していたように、貧困とは常に「再発見」されるべきものである(前掲書)。私たち市民には、お金もなければ権力もない。団体を作り、組織に所属している場合でも、その力は大企業・大政党にかなうものではない。しかし私たちは、日々の生活と活動を通じて、貧困が今ここに「ある」ことを知っている。貧困問題に関しては、それこそが最大の強みである。貧困は自己責任ではない。貧困は、社会と政治に対する問いかけである。その問いを、正面から受け止め、逃げずに立ち向かう強さをもった社会を作りたい。

　過ちを正すのに、遅すぎるということはない。私たちは、この社会に生きている。この社会を変えていく以外に、「すべり台社会」から脱出する方途はない。

あとがき

二〇〇八年三月二九日、反貧困ネットワークは、都内の中学校を借り切って「反貧困フェスタ二〇〇八」を開催した。体育館・教室・校庭などで、講演・シンポジウム・ワークショップなどの複数のイベントが同時並行的に開催される文字通りのお祭りで、貧困問題に関わりを持つ約七〇の団体が参加、会場には一六〇〇人が訪れた。これだけの数の団体が日本国内の貧困問題をテーマに一堂に会するのは、おそらくこの数十年間で初めてのことだったのではないかと思う。日本もここまで来てしまったという感があり、また、それに抗する人々が一緒に、社会に対して働きかける気運が高まっているということでもある。

見えない貧困に立ち向かうためには、人々が貧困問題を意識し、身近にある貧困を見つける目を持つようにならなければならない。日々の犯罪のニュースに接したとき、しばしばそこには貧困の影がちらついている。それを見ずに「ひどいヤツがいたもんだ」で済ますか、真にそうした悲劇が起こらない社会を目指すか、それは私たち自身の課題である。

「反貧困フェスタ二〇〇八」には、連合・全労連という労働団体のナショナルセンターが一緒に参加した。労働団体ももはや、相互に牽制し合っているだけでは今の状況を変えられないことに気づきつつある。このままではいけないということを、誰もがわかっているのだ。ただ、従来のしがらみからそこに踏み込めないだけだ。その殻を突破しなければならない。

フェスタの閉会式で、私は参加者に、今日学んだことをそれぞれ持ち帰り、各地で分野や立場を越えた反貧困のネットワークを作ってもらいたいと呼びかけた。本書の読者のみなさんにも同じことを呼びかけたい。私たちは「もうガマンできない」と声を上げるべきである。それは誰のためでもない、私たち自身と私たちが暮らすこの社会のためだ。

岩波新書編集部の小田野耕明氏が本書の出版をもちかけてくれたのは、二〇〇六年の一二月だった。〈もやい〉の相談活動や北九州市の餓死事件に対する生活保護問題対策全国会議の活動、エム・クルーユニオンや反貧困たすけあいネットワークの発足、生活保護基準切下げに対する抗議活動、そして反貧困ネットワークの運営、と活動が目まぐるしく展開する中で、また取材を受けたり、各地に講演に出向いて貧困問題への関心を呼びかけて回っているうちに、あっという間に一年数ヵ月が経過してしまった。小田野氏にはお詫びと感謝を申し上げたい。

その一年数ヵ月の間、本書の執筆に必要な素材を多くの人たちから提供してもらった。ときには具体的な資料として、ときにはその生き様で。飲み屋で本の構想の相談に乗ってもらったことも一度や二度ではない。本の執筆とは、その意味でいつも共著なのだと感じる。

そして、本書で言及した、または私自身が関与していながら言及できなかったすべての活動に携わる方たちに深甚な敬意を表したい。私の知っている活動者たちは、そのほとんどがワーキング・プアである。〈もやい〉でどれだけ膨大な相談件数をこなしていても、一銭の儲けにもならない。〈もやい〉は、月額わずか六〇万円の人件費を四人、五人で分けている有様だ。先駆的な活動をしている労働組合の人たちも同じだ。多くの人たちを虐げて莫大な利潤を上げる人たちがいる一方で、彼/彼女たちの活動が、この日本社会の生きづらさを、それでもこの程度に押し留めている。本当に必要なことをしているのは、政治家や官僚たちではない。この社会がその活動に報いられないのだとしたら、何のための社会なのかと、本気で疑わしく思う。

前著『貧困襲来』の「あとがき」で、私は「できることなら、いつか、それらの異議申立を広く紹介する本をつくりたい」と書いた。本書では、不十分ながらも、そのことを試みた。状況が好転したからではない。それだけが、日本の貧困問題に関して、書くに値する事柄だからである。政府の文書や政策をどれだけひっくり返してみようとも、貧困の実態も、反貧困の兆しも、垣間見えてくることはない。反貧困は、ここから始めるしかない。

考えれば考えるほど、この「すべり台社会」には出口がない、と感じる。もはやどこかで微修正を施すだけではとうてい追いつかない。正規労働者も非正規労働者も、自営業者も失業者も、働ける人も働けない人も、闘っている人もそうでない人も、それぞれが大きな転換を迫れていると感じる。問われているのは〝国の形〟である。

誰かに自己責任を押し付け、それで何かの答えが出たような気分になるのは、もうやめよう。お金がない、財源がないなどという言い訳を真に受けるのは、もうやめよう。そんなことよりも、人間が人間らしく再生産される社会を目指すほうが、はるかに重要である。社会がそこにきちんとプライオリティ(優先順位)を設定すれば、自己責任だの財源論だのといったことは、すぐに誰も言い出せなくなる。そんな発言は、その人が人間らしい労働と暮らしの実現を軽視している証だということが明らかになるからだ。そんな人間に私たちの労働と生活を、賃金と社会保障を任せられるわけがない。そんな経営者や政治家には、まさにその人たちの自己責任において、退場願うべきである。主権は、私たちに在る。

一つ一つ行動し、仲間を集め、場所を作り、声を上げていこう。あっと驚くウルトラの近道はない。それぞれのやっていることをもう一歩進め、広げることだけが、反貧困の次の展望を可能にし、社会を強くする。貧困と戦争に強い社会を作ろう。今、私たちはその瀬戸際にいる。

二〇〇八年三月末日　自宅にて

著　者

本書に登場した団体連絡先一覧(順不同)

NPO 法人自立生活サポートセンター・もやい

〒162-0814　東京都新宿区新小川町 8-20　こもれび荘

TEL　03-3266-5744(火 11〜21 時、金 11〜17 時)

FAX　03-3266-5748

Email　info@moyai.net

HP　www.moyai.net（生活保護費の自動計算ソフトがある）

＊寄付歓迎．サポーター会員募集中

エム・クルーユニオン

〒160-0023　新宿区西新宿 4-16-13　MK ビル 2F
派遣ユニオン気付

TEL　03-5371-8808　FAX　03-5371-5172

Email　haken@zenkoku-u.jp

Blog　blog.goo.ne.jp/m_crew_union

企業組合法人あうん

〒116-0014　東京都荒川区東日暮里 1-36-10

TEL&FAX　03-5604-0873

Email　awn0873@nifty.com

HP　www.awn-net.com

＊古着・雑貨などのリサイクル販売可能な物品寄付歓迎

反貧困たすけあいネットワーク

〒 170-0005　東京都豊島区南大塚 2-33-10　東京労働会館 5 階
首都圏青年ユニオン気付

TEL　03-5395-5359　FAX　03-5395-5139

Email　tasukeai-net@seinen-u.org

Blog　d.hatena.ne.jp/tasukeai-net

＊互助制度の加入者募集中

ホームレス総合相談ネットワーク

〒 162-0814　東京都新宿区新小川町 7-7　NKB アゼリアビル 202

TEL　03-5261-1504　FAX　03-5261-1593

Email　info@homeless-sogosodan.net

HP　www.homeless-sogosodan.net/index.html

本書に登場した団体連絡先一覧

生活保護問題対策全国会議

〒530-0047　大阪市北区西天満3-14-16　西天満パークビル
3号館7階

あかり法律事務所　弁護士　小久保哲郎(事務局長)

TEL　06-6363-3310　FAX　06-6363-3320

Email　info@seihokaigi.com

HP　seihokaigi.com/default.aspx

＊会員募集中

《各地の生活保護支援ネットワーク》

首都圏生活保護支援法律家ネットワーク

TEL　048-866-5040(月～金10～12時，13～17時)

＊下記以外の地域の方は，こちらへ

東北生活保護利用支援ネットワーク

TEL　022-721-7011(月～金13～16時)

近畿生活保護支援法律家ネットワーク

TEL　078-371-5118(月～金11～12時，13～16時)

生活保護支援九州ネットワーク

TEL　097-534-7260(月～金10～17時)

生活保護支援ネットワーク静岡

TEL　054-636-8611

東海生活保護利用支援ネットワーク

TEL　052-911-9290(火・木13～16時)

反貧困ネットワーク

〒162-0814　東京都新宿区新小川町7-7　NKBアゼリアビル202

TEL&FAX　03-6431-0390

Email　antipovertycampaign2007@yahoo.co.jp

HP　www.k5.dion.ne.jp/~hinky/

＊賛助会員・サポーター会員募集中

全国クレジット・サラ金被害者連絡協議会

〒101-0047　東京都千代田区内神田2-7-2　育文社ビル3F

TEL　03-5207-5507　FAX　03-5207-5521

自殺防止相談電話　03-3255-2400

Email　webmaster@cre-sara.gr.jp

HP　www.cre-sara.gr.jp/

湯浅 誠

1969年生まれ
東京大学大学院法学政治学研究科博士課程単位取得退学
1995年より野宿者(ホームレス)支援活動を行う
現在―反貧困ネットワーク事務局長，NPO法人自立生活サポートセンター・もやい事務局長 ほか
著書―『本当に困った人のための生活保護申請マニュアル』(同文舘出版)
『貧困襲来』(山吹書店) ほか

反貧困
―「すべり台社会」からの脱出　　岩波新書(新赤版)1124

2008年4月22日　第1刷発行
2014年11月14日　第19刷発行

著者　湯《ゆ》浅《あさ》 誠《まこと》

発行者　岡本 厚

発行所　株式会社 岩波書店
〒101-8002 東京都千代田区一ツ橋2-5-5
案内 03-5210-4000　販売部 03-5210-4111
http://www.iwanami.co.jp/

新書編集部 03-5210-4054
http://www.iwanamishinsho.com/

印刷・三陽社　カバー・半七印刷　製本・中永製本

ISBN 978-4-00-431124-9　　Printed in Japan

岩波新書新赤版一〇〇〇点に際して

ひとつの時代が終わったと言われて久しい。だが、その先にいかなる時代を展望するのか、私たちはその輪郭すら描きえていない。二〇世紀から持ち越した課題の多くは、未だ解決の緒を見つけることのできないままであり、二一世紀が新たに招きよせた問題も少なくない。グローバル資本主義の浸透、憎悪の連鎖、暴力の応酬——世界は混沌として深い不安の只中にある。

現代社会においては変化が常態となり、速さと新しさに絶対的な価値が与えられた。消費社会の深化と情報技術の革命は、種々の境界を無くし、人々の生活やコミュニケーションの様式を根底から変容させてきた。ライフスタイルは多様化し、一面では個人の生き方をそれぞれが選びとる時代が始まっている。同時に、新たな格差が生まれ、様々な次元での亀裂や分断が深まっている。社会や歴史に対する意識が揺らぎ、普遍的な理念に対する根本的な懐疑や、現実を変えることへの無力感がひそかに根を張りつつある。そして生きることに誰もが困難を覚える時代が到来している。

しかし、日常生活のそれぞれの場で、自由と民主主義を獲得し実践することを通じて、私たち自身がそうした閉塞を乗り超え、希望の時代の幕開けを告げてゆくことは不可能ではあるまい。そのために、いま求められていること——それは、個と個の間で開かれた対話を積み重ねながら、人間らしく生きることの条件について一人ひとりが粘り強く思考することではないか。その営みの糧となるものが、教養に外ならないと私たちは考える。歴史とは何か、よく生きるとはいかなることか、世界そして人間はどこへ向かうべきなのか——こうした根源的な問いとの格闘が、文化と知の厚みを作り出し、個人と社会を支える基盤としての教養となった。まさにそのような教養への道案内こそ、岩波新書が創刊以来、追求してきたことである。

岩波新書は、日中戦争下の一九三八年一一月に赤版として創刊された。創刊の辞は、道義の精神に則らない日本の行動を憂慮し、批判的精神と良心的行動の欠如を戒めつつ、現代人の現代的教養を刊行の目的とする、と謳っている。以後、青版、黄版、新赤版と装いを改めながら、合計二五〇〇点余りを世に問うてきた。そして、いままた新赤版が一〇〇〇点を迎えたのを機に、人間の理性と良心への信頼を再確認し、それに裏打ちされた文化を培っていく決意を込めて、新しい装丁のもとに再出発したいと思う。一冊一冊から吹き出す新風が一人でも多くの読者の許に届くこと、そして希望ある時代への想像力を豊かにかき立てることを切に願う。

（二〇〇六年四月）